U0595929

GOOD PARENTS DON'T YELL

好父母不吼不叫

高山　编著

吉林文史出版社
JILINWENSHICHUBANSHE

图书在版编目（CIP）数据

好父母不吼不叫 / 高山编著 . -- 长春：吉林文史出版社，2019.7（2021.3 重印）

ISBN 978-7-5472-6184-2

Ⅰ . ①好… Ⅱ . ①高… Ⅲ . ①家庭教育 Ⅳ . ① G78

中国版本图书馆 CIP 数据核字（2019）第 095548 号

HAOFUMU BUHOU BUJIAO

书　　名　**好父母不吼不叫**

编　　著　高　山
责任编辑　高冰若
封面设计　尚世视觉
出版发行　吉林文史出版社
地　　址　长春市福祉大路出版集团 A 座　邮编：130118
网　　址　www.jlws.com.cn
印　　刷　晟德（天津）印刷有限公司
开　　本　880mm × 1230mm　1/32
印　　张　6.5
字　　数　130 千
版　　次　2019 年 7 月第 1 版　2021 年 3 月第 5 次印刷
书　　号　ISBN 978-7-5472-6184-2
定　　价　35.00 元

PREFACE
前言

当家长能够读懂孩子的心的时候，才能给孩子最合理和最适度的爱。

随着孩子慢慢长大，他们渐渐地不再对家长言听计从，他们在生活和学习中会遇到各种各样的问题，也不会再去向家长求助，这让家长感到非常头痛，并且百思不得其解。当孩子身上出现了问题，家长即使苦口婆心，但孩子并不一定能够理解家长的这种行为。其实这并不仅仅是孩子的问题，有时候家长只关注孩子在生活中所遇到的那些问题，而并没有留意孩子在这个时期的想法。这时候就出现了家长的想法和孩子的想法南辕北辙，大相径庭。

对于父母的管教，孩子在行为上表现出各种反抗，这其实体现了孩子内心的想法，家长未必能用心读懂。对于家长的苦口婆心，孩子也并非完全不懂。

家长要认真地对待和孩子之间的关系：孩子的行动都来源于他所感受到的外面的世界，家长的思维要与孩子同步，如果不能针对孩子的心理进行“对症下药”，那么所做的一切努力都无济于事。家长还要试图去揣测孩子的意图，不要完全以自己的意志为标准去教育孩子，甚至不和孩子讲道理，就直接去命令他们。其实这种相处方式不是教育，反而更像是家长在操控孩子。这种沟通关系是不平等的，而且也不能对孩子的身体和心理进行有效的引导，还有可能会对孩子的成长造成阻碍，进而对孩子的人生产生影响。

一位成功的家长，不会去把自己的孩子和“别人家的”孩子进行对比，而是让孩子在自己有意识地鼓励下变成孩子和家长都喜欢的样子，这就需要家长平等地对待孩子，了解孩子的得意与失意，理解他们的胆怯和懦弱，就像孩子的朋友一样，陪伴着孩子成长。

因此，当你不知道如何处理孩子层出不穷的问题时，当你面对正处青春期的孩子身上的各种情绪问题时，可以尝试平等地与孩子沟通，去了解孩子现阶段的心理需求以及在这个心理需求之下产生的心理特点，针对孩子的心理特点找到适宜的沟通方式，孩子才愿意相信家长是在平等地和他们进行对话。家长也能够通过这种方式让孩子养成良好的习惯，这个习惯包括学习习惯和生活习惯，这些都将为他们的未来打下一个良好的基础。只有平等地去与孩子进行沟通，孩子才愿意接受家长的帮助，而又不完全依靠家长，这样方可获得一个美好而健康的人生。

当家长对待孩子的方式不正确的时候，他们自己可能感觉不到，因为这是他们的习惯思维。但如果家长站在第三者的角度去看待这样的相处模式时，就会理解孩子在面对他们时的抗拒，通过这些思考以及对比，家长就能看清自己的行为对孩子造成了什么样的影响。

当家长能够心平气和、公平地对待孩子的时候，孩子也会对周遭的一切表现出友好的一面。这样他们才能够在这个浮躁的社会中找到适合自己的生存法则，更好地生活在这个世界上。

为了让家长朋友在面对孩子的时候以更科学合理的办法去引导孩子，能够在面对孩子接踵而至的麻烦时提供一些思路。也为了孩子们能够在更加和谐的原生家庭健康地成长，本书提供了很多参考。

本书从最基本的青少年儿童的心理活动入手，用大量的事例去再现家长和孩子交流的过程，所以具有很强的实际操作性。各位家长可以根据这些事例尝试着去把握孩子的心理，为孩子和家长的矛盾关系找到行之有效的解决方法，从而找到通往孩子心里的那扇大门的钥匙，和孩子一起成长。

CONTENTS

目　录

第七章

青春期的孩子，不吼不叫不较劲儿 // 167

GOOD PARENTS DON'T YELL

第一章

保持耐心，探秘孩子一生的成长

每个孩子的成长只有一次，错过了，就是家长一生无法弥补的遗憾。孩子成长有着其特殊的规律，有的天资聪颖，有的大器晚成，我们乐见智力超常儿童出现的同时，请给那些“天生爱冒险的孩子”“小小破坏王”“叛逆的孩子”多一些耐心，等待他们长大。

男女大不同，男孩女孩要区别对待

经常听家长拿家里的男孩和女孩相比较，如一个家庭里是哥哥和妹妹，家长也许就会说出“别看你妹妹小，比你听话”之类的话。其实家长这样做会伤害到孩子。

男孩和女孩脾气秉性是不一样的，以后过的生活也完全不一样，家长要学会区别对待，不然儿女都难有出息。

男孩长大以后，承担的是男性角色。社会也会给他提很多要求，比如他要勇敢、要有责任心、上进心等。但是，家长要反思一下，自己是不是经常对男孩提这样的要求：你别总是……你要学会安静、不要发脾气……一位妈妈说，她发现一个很奇怪的现象，孩子 3 岁之前总是喜欢黏着她，但是 3 岁之后更喜欢他爸爸。这是因为随着孩子的长大，他对自己的性别有了认知，他有了更多男生该有的气质。所以，妈妈在男孩子的教育中要学会让位，让孩子的爸爸多带孩子，要多给男孩子空间，让他学会独立、有决断，以后做一个有担当的男性。

女孩子天生内心柔软、心思细腻，这一点是区别于男孩子的。家长在教育女孩子的时候，要多给她一点儿耐性和包容，不能动辄打骂孩子。而且女孩长大以后会不自觉地模仿自己的妈妈，去对待自己的生活、子女和伴侣。所以，妈妈要多和女儿亲近，要为女儿树立一个女性应该有的形象。这样她长大以后才更容易被周围人接受。特别是女孩子在长大以后，可能会和妈妈一样，遇到一些女性才会遇到的问题。妈妈的言行举止对于女孩的成长起着至关重要的作用。养男孩要注重培养他的性格，养女孩要注重培养她的修养。

见过两位老人，他们把家里的孩子培养得特别让人羡慕。男孩子性格刚毅，很有责任心，在当地是一个小有名气的生意人，做人做事都让人觉得很靠谱、值得信任。女孩很有修养、很有内涵还多才多艺，听说在学校里当老师。别人都夸两位老人会培养孩子，把孩子养得这么好。不过，老人谦虚地说大家言过其实了。别人向老人讨教育儿经验，老人说："男孩要当作能吃苦的'小狼'一样养，女孩要当作家里的'文化名片'养。"虽然，老人把男孩和女孩的教育分得很清，但对普通家庭教育孩子还是很有启发的，就是要根据孩子的特点为每个孩子制定不同的培养方案，这样才更有助于孩子成才。

邻居家有两个孩子，大宝是姐姐，二宝是弟弟，两个孩子年龄相差不大。在周围人看来，邻居一家是让人羡慕的，一儿一女正是很多家庭希望的家庭成员搭配。但熟悉邻居一家的朋友们都知道，随着这两个孩子渐渐长大，他们在育儿方面遇到很多烦恼。家中的姐姐一直觉得家长偏袒弟弟，但家长一直觉得自己对待他们是一视同仁的。在遇到孩子之间发生争执的时候，家长也会和他们讲道理，让占理的孩子不会受委屈。

周围的朋友看到邻居家所面临的困扰，也会给他们支着儿，说女孩子虽然是姐姐，但女孩子心思细腻，家长在育儿方面应该多照顾下女孩子的情绪。

似乎两个孩子中总有一个孩子会觉得家长偏心，在面对手心手背都是肉的两个孩子之间出现纠纷时，家长要尽可能地做到以理服人。但也许是孩子们的性别差异，这碗水总是难以端平。

家长在教育孩子们时，确实应该根据他们的性别区别对待，对待女孩子，多些温柔，多些耐心，多些贴心交流，毕竟女孩子相对于男孩子来说，内心会更加敏感。家有男孩和女孩，在教育孩子的过程中，家长要学会区别对待，尤其是以下两方面：

男孩和女孩在隐私教育上的相同点：要对以下这些行为大声说“不”，不能让他人触摸下体；不能让他人窥探自己的下体；不能将自己的隐私部位暴露在他人面前。要有强烈的性别意识，和异性要保持适当的距离。不要和异性有亲昵的行为。当在情感上遇到困扰时，要及时找家长和老师寻求帮助，不要自己钻牛角尖儿。

男孩和女孩在关于隐私教育上的不同点：家长应教育男孩子要尊重女性，在女性面前要学会礼让和尊重，尤其在他们小的时候，要树立男孩子保护女性的意识，如要对妈妈和姐姐妹妹有一种保护欲，这样才能让他们成长为真正的男子汉。

家长应教育女孩要学会拒绝，要有强烈的自我保护意识，不能与不认识的异性独处，天黑前要准时回家。当遇到危险时，要机智地寻求周围人的帮助。不穿太过暴露的服装，不化浓妆等。

天生爱冒险，父母要做最好的领路人

孩子生来就有一颗探索世界的好奇心，女孩子相对来说可能还好一些，男孩子会在成长过程中喜欢爬上爬下，热衷于各种冒险，在他们想象的自由、充满危险的世界里奔跑着、探索着。这些具有危险、刺激的活动是他们的爱好。轮滑、攀岩甚至蹦极，孩子们试图通过这些活动打破一成不变的生活。当然这多是受男孩子本身“天不怕，地不怕”的性格导致的。

当孩子在做这些冒险活动的时候，家长不要强制性地阻拦，因为这种认知世界的方式是不可多得的，家长没有必要为了设想出的种种不可挽回的结果泯灭孩子对这个世界的好奇心。而这种好奇心也不是凭空而来的，而是男孩子在成长过程中身体分泌出的一种物质，这种物质分泌多了就会让孩子通过比较激烈的方式表达出来，各种目前不能被科学理论所解释的事情，都是他们好奇的目标，有的孩子会非常喜欢探险，或者是把身边能拆的东西都拆掉来了解它的内部结构，然后创造出这个世界上孩子认为独一无二的事物。

在周末的时候，西西的爸爸没有和西西一起出去玩儿，而是选择待在家里看球赛，在嘱咐了西西好几遍后，爸爸觉得可以放西西单独出去玩儿了。没过一个小时，西西的爸爸就听到一阵急促的敲门声。他开门的时候就看见西西被人背着，一边哭一边喊。西西爸爸赶紧把他送到了医院。

“谁能告诉叔叔发生了什么事情？”等在急诊室外面，西西的爸爸开始了解情况。一个小孩子断断续续地讲了事情发生的来龙去脉：原来他们觉得在小区里面做游戏没有意思，一转身看到了小区里面的大树，几个孩子就打赌谁能爬得又高又快，谁就是胜利者，西西爬得又快又高，刚转过身去想要炫耀一下，就一脚踩空掉了下来。

看着掉下来的西西，大家都不知道要做些什么了，有个孩子提出建议把西西送回家，于是大家慌慌忙忙地把西西带回了家，又跟着西西的爸爸，来到了医院。西西的爸爸听完之后说："你们很棒，做得很对。"说完之后给他们叫了出租车，送回了家。最后西西被医生诊断为右脚脚踝骨骨折。俗话说"伤筋动骨一百天"，西西看来要请一个月的假来修养了。

在孩童阶段，和西西一样爱冒险的孩子还有很多，玩玩儿闹闹、跑跑跳跳是男孩子的天性，处在这个阶段的孩子有可能因为这种性格而付出一定的代价。家长为此每天提心吊胆，担心自己一时没看到孩子就会发生无法挽回的意外。但事实上，这种事情是无法控制的。当男孩子进行一次冒险的行为，就对这个世界的体验多了一层自己的理解，通过自己的体验而进行这种冒险的最初思想来源就是孩子们对于这个世界的好奇，因为这世界上有太多他们没有接触过的东西，并且他们对这些东西都非常好奇，这是大多数孩子的共性。而有一些事情会让孩子接触了以后感觉也没有家长说得那么的恐怖，他们在这种情况下就产生了侥幸心理。

因为之前家长所描述的那些可怕的后果全部没有出现，比如当他们拿起剪刀的时候并没有受伤，那他就会觉得剪刀这个东西不会让自己受伤，下一次就不再害怕了。所以家长要做的就是如何将孩子限制在一个相对安全的环境中进行自己想要的冒险活动。

每到过年的时候，到处都是鞭炮声，小子琪也想要放鞭炮，可是他年纪太小了，爸爸害怕他因为操作不当会受伤，就和小子琪说等他再长大一点儿就允许他放鞭炮。小子琪等啊等，等到七岁那一年，他觉得自己年纪够大了，可爸爸还是以同样的理由拒绝了小子琪的请求。

但是让人没有想到的是，小子琪趁着家人没有防备自己拿着鞭炮就出门了，等爸爸找到小子琪的时候，他正蹲在小广场一动不动地盯着别人看，好像在学习怎么放鞭炮似的，爸爸这才放下了心，因为之前一早就答应好的，他也不能怪到孩子身上，只是认真地和小子琪说下次出门之前一定要告诉家长。

接下来的一段时间里，爸爸手把手地教小子琪用长长的棍子的一端绑住香，站得远一些，用香去点鞭炮。等点燃后，就赶紧跑开，小子琪按照爸爸的方法做得像模像样。这个新年，他完成了自己的心愿，感到非常开心。

其实当孩子想要去冒险，又或者想去尝试一些新的事物的时候，家长的禁止并不能浇灭孩子内心的探险欲望，还会让孩子萌生想要反抗的意识。有句古话："授人以鱼不如授人以渔"，所以家长要给孩子打好"预防针"，让孩子先有安全的意识，把操作不当的后果讲给他们听，让他们在冒险之前尽量做好充足的准备，同时也学会如何进行自我保护。更为聪明的孩子还能去保护别人。

当男孩子执意要参加有危险的活动时，爸爸可以请专业的人员告诉他这件事情的危险在哪里，这样孩子很可能就不会和家长对抗了，因为他们觉得家长可能就是在吓唬他们，让他们害怕，让他们不要去做这件事情。不能毫无理由地让孩子停止做当前的事情，反而要冷静地提出合理的建议，进行正确的引导，这样孩子才能够在一个比较愉悦的环境下长大。这种冒险的行为会持续到孩子的青少年时期，除了明确禁止的事情外，其余的事情都可以去做。

探索欲望强，家有小小“破坏王”

孩子在儿童时期对事物有着非常强烈的求知欲，有各种各样的问题，不只会去问，还会动手去拆，拆了之后就很难恢复原状，这是让家长比较头疼的一个问题。但如果家长换个角度来看待这个问题，就会产生不一样的想法，把孩子“破坏”东西看成是一种对未知事物的探索，去独立探索某个现象的原理，就能感受到孩子的聪明了。

这种“破坏”又或叫“好奇心”是孩子必经的阶段，是幼儿心理发展的重要特征。小到玩具遥控器，大到家具、乐器，只要是孩子能够搬得动拆得动的，他们就一定要动手拆一拆试一试，当然，被他拆过的东西从此就装不回去了。“小孩子爱搞破坏，失去的只是可估量的价值，而得到的却是孩子一生受之不尽的财富——思考、创造及智慧”。这是我国教育学家陈鹤琴说的。在教育学上这种探索行为具有非常重要的意义。当家长害怕孩子拆了东西无法还原时，可以陪着孩子一起拆，最后由家长陪他装回去。还可以多买些益智玩具、拼图积木，借此满足孩子的好奇心。

淘淘今年 5 岁，平时表现很好也很听话，他有个很特别的爱好，也是令家长苦恼的爱好，就是拆东西，每次买了一个新玩具，过不了几天这个玩具就会神秘消失，隔一段时间就会看到七零八落的玩具躺在家里的某一个角落。

上个星期淘淘的舅舅从外国给他买回来了一辆玩具坦克，淘淘非常喜欢，去哪里都带着那个玩具坦克，不过突然有天淘淘的玩具坦克不见了，他又开始玩儿别的玩具。等妈妈打扫卫生的时候，发现玩具坦克躺在阳台的纸箱里，那个四分五裂的坦克还有不少的地方已经坏掉了。妈妈把淘淘喊了过来："你这是怎么回事，为什么把玩具拆成这个样子？"淘淘就回了一句："我就想知道它为什么能自己跑，但是装不回去了。"妈妈看着淘淘，想了想："那这样，去找爸爸，看看你们能不能把它复原回之前的样子。"淘淘抱着玩具去找爸爸了。第二天家里出现了一个有些破损的玩具坦克。

相信家中有男孩子的家长都有过淘淘家长的这种体验，于是说起男孩子的时候就是"破坏大王"，非常淘气，让家长非常头疼。但是孩子拆玩具的初衷非常简单，就是好奇，比如他们会好奇电视为什么能出现动画片，为什么能听得见声音，但电视的后面并没有人啊？为什么遥控器能遥控电视、空调，是有什么神奇的魔法吗？或者汽车为什么能跑？

这些都可以归为我们提到的好奇心，也就是探索心理。相对女孩而言，男孩的探索欲望会更加强烈一些。面对相同的一个玩具，大多数女孩子关注的点可能在于这个玩具好不好看，我能不能用笔把它画下来；男孩子更关注的是它是怎么操作的，它的原理是什么，我能不能看一看玩具里面的东西。

在孩子成长的过程中，我们家长都会遇到这样的问题，刚买的变形金刚还没玩儿就变形了，然后从一块到两块，从两块到很多块。先是遥控器被拆，再是遥控汽车被拆，最后干脆两样东西就都消失了。两个人一起搭的积木建筑，第一天好好的，过几天就面目全非了。总之是能拆的东西就不能好好地被收进箱子里，基本上都被拆完了。

当家长遇到这种情况时，可以和孩子做一个约定，当他们准备动手的时候，应该先问一问爸爸妈妈，这个东西能不能拆，不能自己想拆就拆了。如果同意孩子拆，孩子拆了之后安装不回去也不能加以嘲笑和斥责。要认识到这是孩子的心理特征，是一种特别的创造力的获得方法。

如果孩子在没有经过家长允许的情况下将东西拆了，可以问问孩子这样做是什么原因，把东西拆开之后是想要做什么，或者看到了什么。尽量不要去责备孩子，应保护他们这种近乎破坏性的行为，从而满足孩子的求知欲。或者孩子在拆玩具的时候和他一起动手，再和他一起安装回去，这样做的话既满足了孩子的好奇心，又保护了孩子刚刚开始探索这个世界的信心。

有一群家长坐在一起聊天，家长总是在说孩子是个“破坏大王”，不管是什么东西都会被孩子拆得面目全非，什么玩具在孩子手里都逃不过被拆的命运，简直防不胜防。有个家长就说：“我刚刚从网上买回来一套音响，想试一试音质怎么样，结果只离开了一会儿，线就被孩子拔下来扯得乱七八糟了。”

“这算什么，我们家的玩具装了几个大箱子，基本上剩下的都是一些玩偶、毛绒玩具，每个新买的玩具都被拆了，你想帮着他装回去，都找不到玩具缺的那一块儿在哪里。每个玩具拆得就只剩下零件了，有的零件都坏掉了，根本看不出那原来是一个什么东西了。”

“我们家还是个女孩子呢，结果你前脚给她买的娃娃，后脚娃娃的衣服就不见了，你问她把衣服扔到哪里去了，她就特别无辜地看着你说她不知道，她没有注意。过几天就发现她的床单破了一个大洞，她手里除了布，还有满手的胶水，她说想给娃娃做一件新衣服。”

一群家长在对孩子进行“控诉”，认为孩子的行为实在令人难以理解。

当孩子把某个东西弄坏的时候，家长自然是会心疼的，但是也不能用暴力的手段来解决孩子的这一问题。因为这样的行为无异于是在扼杀孩子的好奇心。孩子的破坏属性背后其实隐藏着让家长惊喜的技能：对事物的探索能力、天马行空的创造能力、强大的逻辑思维能力、超强的执行和动手能力，甚至更多。只要方法正确就一定能够让孩子从破坏的阶段走向创造的阶段。当然，如果是无端的、没有任何理由的破坏行为，就一定要及时制止。

孩子的脆弱，呵护小小的自尊心

孩子在成长的过程中总会做错事，有可能是第一次接触到这件事，有可能对这件事没有做好充分的准备，也许对这件事本来就没有天赋，因为种种原因，孩子经常受到家长的轻视、训斥，甚至是挨打。有的家长经常会用“孩子比较懒散”或者“反应比较慢”这种话来自嘲。

当家长在做这些事情或者被迫做这些事情的时候，可能毫无恶意，可能只是想简单地抱怨一下。不论是家长想要逞一时的口舌之快，还是突然的心血来潮 ，在无意或者有意中，都会给孩子造成一种不好的影响，这种影响是不利于家庭教育的，并且会伤害孩子的自尊心，让孩子因为这个可小可大的错误，在别人的面前抬不起头来。

孩子到了一定的年纪就有了羞耻心和自尊心，他们还没有经历过什么挫折，因此他们幼小的心灵会非常脆弱。所以孩子的一些缺点，家庭内部成员知道便可，不要到处宣扬，让外人知道，不然的话孩子会非常自卑。因为这就意味着家长会向别人传达自家的孩子并不是什么优秀的孩子。

小吕和大吕是一对双胞胎兄弟，但是两个人给人的感觉却完全不一样，弟弟在学习上成绩非常优秀，性格非常开朗，在学校很受人欢迎，也有很多人喜欢和他做朋友；可是哥哥就不同了，哥哥对很多事情反应都很迟钝，人也非常木讷。

有一天放学，小吕回到家中，对妈妈说："妈妈，今天考试了，我考了 91 分，但是哥哥只考了 14 分，他肯定不敢和你说，说不定还会把考试卷子藏起来呢！"说完小吕就去写作业了。一开始听到这个分数妈妈非常生气，但是当大吕回家的时候，妈妈看到情绪不高的大吕 ，就舍不得说重话了："大吕，你最近考试了吗？"大吕低着头不说话。无论妈妈怎么问大吕，他还是低着头不说话，妈妈叹了口气："不想说就算了。"大吕听到这句话抬起头，满脸的泪水。

"不管是考没考试，我相信你如果肯努力的话就一定会有好结果的，所有的事情都是如此，回房间做作业吧，等会儿出来吃饭。"从那天起大吕变得越发努力，弟弟学习的时候他在学习，弟弟出去玩儿的时候，他把自己关在房间里还在学习。过了一个月他把卷子拿到了妈妈的面前，是一张70多分的卷子，妈妈跟他说："你看，我就知道你能够做到。"大吕从那时候开始就一点点地努力，从垫底到后来的优等生，跟弟弟学着打球，严格地要求着自己，开始变得优秀，也变得越来越自信。

孩子是个有无限潜力的群体，家长在发现他的不足之处或者缺点时，应尽量引导孩子自己说出来，尽量去维护孩子的自尊心。其实不管在什么时候，作为父母都不能当众去揭孩子的短处，因为不要说是一个孩子，就算是大人被揭伤疤的时候也会恼羞成怒的。所以家长在面对孩子的时候也要推己及人。相反如果家长去维护孩子的名誉的话，孩子也会更加珍惜自己的名誉，他会尽量减少犯错误的次数，去维持别人对自己的评价，也就会拥有强大的自信心。

有一位家长经常把孩子的同学请到家里面来做客，也经常配合他们一起做游戏。游戏也很简单，就是提问，谁会这个问题把手举起来就好了，几个小朋友好像对这个游戏都很感兴趣。当这位家长提问的时候小米总是举手举得很慢，当这位家长叫他起来回答问题的时候，他又回答得磕磕巴巴，答不上来。

等这个游戏结束之后，这位家长就偷偷地把小米拉到一边："为什么不会还要举手呢？"小米小声说："他们都会我不会，感觉没有面子。"家长低头想了一会儿，说道："那这样吧，我们下次玩儿这个游戏时，你就正常举手，要是真的会这道题目呢，就和我眨眨眼，可以吗？"小米点点头。

后来的几次他们都配合得很好，这位家长事后从别人的口中得知小米的家庭条件不是特别好，导致孩子有些敏感。后来小米开朗了很多，和这位家长的孩子成了好朋友，变得越来越自信。

当家长总是有意无意地提起孩子的过失或者错误，或者一件微不足道的糗事来借此告诉孩子，他是多么的幼稚、无能，也许是因为家长出于担心，想要提醒孩子不要再重复这种错误了，或者是在家长和孩子双方意见发生分歧时，能够让自己赢过孩子而添加的砝码，无论是出于什么目的，这个过程势必都会对孩子的心理造成影响。

因为在孩子成长的过程中，家长起着最重要的作用，家长的鼓励、支持对孩子来说非常重要，会极大地增强孩子的自信心和安全感，这种力量能够激励孩子不断前进。当家长不去鼓励而是反复提起孩子的缺点时，那么就会在不经意间伤害孩子幼小的心灵，对他的自尊心造成严重打击。这样孩子在家长那里受到的支持就会微乎其微，相对来说会缺少安全感，或者过分地看重自己的自尊心。

孩子对某件事感兴趣，在家长的长期打压下这点儿兴趣也会被慢慢地消磨殆尽。家长和孩子的关系变得越来越紧张，由此错过让孩子性格完善的最好时机，从而对孩子成长的方方面面造成影响。这是一种谁都不愿意看到的结果，所以作为家长应该注意呵护孩子幼小的心灵，帮助孩子建立自信，让他们能够更好地学习和生活。

叛逆青春，“对着干”也是一种成长

当家长习惯于对着孩子大吼大叫，还沉浸在固有的思维里面，认为孩子就是什么都不懂，不能够准确地判断这个世界是对还是错，不能够理解家长的良苦用心，还要和家长“对着干”，和家长作对。

当孩子刚开始又或者真正去认识自我的时期，他学会了去拒绝，学会了说“不”，试图着用语言和行动一起来证明自己的独立，证明自己能够独立地完成某件事甚至可以完成得很好，在这个时期孩子会“热衷”于拒绝，不论家长提出什么样的要求和建议，孩子一般都会拒绝。

在这个阶段，孩子企图用拒绝证明自己的独立，但是孩子的意志力在这个阶段还没有完全建立起来，用一般家长所谓的道理也说服不了他，当家长一味地用威严去镇压他，对着孩子大吼大叫，不完全是因为孩子状似无理取闹的崩溃，更多的是家长因为孩子的不配合产生的心理崩溃。

在坐地铁的时候，正好是在夏天，有一个妈妈领着一个孩子上了地铁，孩子刚从外面进来还很热，地铁里的空调温度开得很低，过了一会儿妈妈害怕孩子感冒，就从包里面拿出衣服，说：“来，我们把衣服穿上，地铁里太凉了。”孩子显然觉得凉凉的很舒服，于是就对妈妈说了句：“我不想穿。”妈妈觉得孩子可能是在耍小脾气，态度就比刚才强硬了许多："必须穿上，要不然你感冒了怎么办！"孩子觉得受了委屈，就开始躲闪妈妈递过来的衣服："我不穿，我就不穿！"妈妈觉得这方法不行，于是就换了另一种方法，但孩子还是不肯穿。

妈妈终于忍不住了，拉过孩子的手，开始强制性地给她穿衣服，孩子也想要反抗，可是家长的力气太大，孩子挣脱不了家长的束缚，就开始哭泣。但是最终还是穿上了衣服，家长一边穿，一边说："就是不听话，你说要是感冒了，就要吃最苦的药，还要用那种很粗很粗的针管打针，怕不怕？"孩子点点头，但还是不情愿。"怕，你就把衣服穿好。这样你就不会感冒啦。"家长抱了抱孩子，可能也觉得刚才的态度有些过分。

这个家长和孩子间的争执，在孩子看来是要不要穿衣服，在家长看来是在照顾孩子，两个人的立场和出发点都不一样，但是都想自己的想法能够占上风。家长的出发点也从小孩子如果受凉了的话就会感冒，转变到"你不听话，一定要跟我对着干是吧？那我就让你看看谁能干得过谁？"家长就像个小孩一样，开始和孩子展开较量。

当家长越是强调孩子应该去做什么，孩子就一定会用"不"来肯定地回答你，也就是说家长越强硬，孩子越反抗。在这个时候家长可以把单项原则改为多项选择，把"你现在必须穿上衣服"改成"你穿上那件衣服应该会如何"，给他做一个多项选择题。他就会把目标集中在当前的选项上了，用和平的方式去解决小的不愉快。

当家长给出孩子选择，而且是双方都不排斥的选择，并且能达到双方都满意，当然这个选项也要从实际出发，不能风马牛不相及，尝试从孩子在特定的环境下会接受什么出发，这样孩子做出的选择就会如家长所愿了。

一一和爸爸妈妈在星期日的时候来到游乐场，由于很久没有出来玩儿了，接近五点的时候，一一还是不肯离开，还是非常兴奋地要玩儿这个、要玩儿那个，爸爸刚想要发脾气，妈妈阻止了爸爸，蹲下来视线和一一平行，说："你确定要继续留下来玩儿是吗？"一一点头。妈妈又说："那我和你爸爸就要回家了，你可以留在这里玩儿，我们等你玩儿够了来接你。""你和爸爸不陪我玩儿吗？"一一听到可以继续玩儿很高兴，但是想到自己一个人又有一些害怕。

妈妈让爸爸去取车，然后和一一说："我和你爸爸打算在路上吃一顿大餐，然后回去洗个舒服的热水澡，躺在沙发上看电视。你要是还准备玩儿的话我们就要回家了。"妈妈说完就站起身来，准备走了，一一不说话了，看见妈妈要走就跟了上去："我也要去吃大餐，看动画片。妈妈我们一起回家吧！"

除了可以给孩子多一点儿的选项外，还有一种办法，就是把所有的事实讲清楚，原因和结论，不去啰唆，让孩子自己判断。当孩子表示拒绝的时候，可能是因为他真的不想听爸爸妈妈的，另一方面也可能是天性。家长要清楚孩子的拒绝就是天性使然，是他在为自己的独立做准备，这是值得家长高兴的一件事。

强硬地拒绝，或者去否定孩子的话是不对的，可以在当前的情况下，讲出事实，将他的注意力转移，这不失为一种更好的办法。孩子也就会接受家长所提出的建议。尽量避免因为孩子的

“拒绝”而引发的一系列争吵，对于家长和孩子来说，这都不是什么好的回忆。只要能够合理摆出事实，并且这个事实又能够被孩子所接受，这就是一个很好的结果。在这样一段特殊的成长时期内，家长需要做的就是既要保留孩子的天性，又能让他接受父母的道理。

当然最重要的是孩子的兴趣，家长既要想办法达到自己的目的，还要增加孩子的兴趣，这样就会减少孩子拒绝你的机会，这就要求家长能够真正地理解孩子，他想要去做什么，能够去做什么，可以简单地用小游戏去刺激一下孩子，理智地面对和家长“对着干”的小孩子，用智慧解决叛逆，用选择代替吼叫。

GOOD PARENTS DON'T YELL

第二章

走进内心，孩子需要被温柔地了解

如何和孩子进行沟通，作为家长，我们首先需要做的就是走进孩子的内心。只有走进了孩子的内心，与孩子共情，我们才能明白他们行为背后的感受和需求，才能真正看清我们的孩子。

不摆父母的谱，让孩子感到被重视

总有很多家长在说："为什么孩子有话不愿意对我说？"孩子在学校遇到了许许多多的事情，当他和父母说起那些事时，有些父母认为那是你应该做的，不会去关注孩子为了这件事的成功付出了多大的努力，或者他们做了一些在大人看来的一些坏事，这时候父母便开始说教。

"君君臣臣父父子子"，几千年的道德观念，在现代社会已经慢慢行不通了。新时代的父母应该彻底放下自已的架子，不摆谱，转变和孩子的沟通方式，这样，孩子才愿意向父母吐露心声，从和父母"对着干"变为愉快合作，让孩子感觉到和父母之间的平等，感觉到被重视。

父母要想跨越和孩子之间的鸿沟，就必须放下身段去和孩子交朋友，透过孩子的内心世界和他进行对话，父母可以扮演多种角色。"父母对他 = 朋友 + 老师"这样的思维，甚至更多的身份，让孩子感受到对他父母的重视，他是不会欺骗一个对他忠诚而平等的朋友的，因为教育本来就意味着伴随和支持。

当家长蹲下身来和孩子说话的时候，在身高上首先就达成了一个平等的状态，仅仅是一个"蹲"的姿态，就可以让孩子看到家长是愿意平等地与孩子交流和沟通的。孩子也会因此喜欢和家长交流沟通，在父母的理解中去寻找更多的克服困难的方法。

有一个叫王熙的同学，他的父母愿意跟他分享家庭的事情，也能够尊重他所提出的关于家庭的建议，所以他们的家庭氛围非常和谐。当他对家庭生活表达自己观点的时候，他的父亲没有因为他是一个孩子来敷衍他，又或者从一开始忽略他的建议，反而会认真地听取他的建议，并分析他的建议有效或无效，通过哪种方法会让这条建议变得更好。当孩子感受到了父母的平等对待时，也感觉到了自己是这家庭的一分子。当他有了这样的意识，对于家庭事务的参与兴趣也就越来越浓，能够为这个家负起一份责任，久而久之他也就能够为自己的人生负责了。无论是好解决的事情，还是非常困难的事情，都要尝试去解决它，还要能够承担一定的后果。

建议一，为了使父母和子女之间的关系更和谐，在此提供两点建议。

要勇于向孩子承认错误，面对自己的错误，很多家长顾及家长的权威，不承认自己的错误。如果明明家长自己错了，还要坚持自己的想法，不听孩子的建议，那就是在将孩子和自己之间的距离推得越来越远。家长只有勇敢地向孩子承认错误，才是平等地对待孩子。

刘洋每天都是骑车上学的。有一天，刘洋的自行车坏了，他晚上回家的时候，告诉了他的爸爸，爸爸听完后，就马上说道："没问题，我等一会儿就去帮你看看。"刘洋出于对父亲的信任，听到父亲答应了就去做作业了，正好邻居让爸爸过去玩儿麻将，爸爸就过去了。等到他回来时，已经晚上 11 点了，刘洋也已经睡着了，爸爸也就忘记了修自行车的事。

第二天一大早，刘洋就问爸爸车修好了吗，爸爸才记起来昨天晚上光顾着打麻将把这件事给忘了，但他又觉得面子上过不去，便说："忘记了，算了，你坐公交车不也一样吗？"刘洋看到爸爸的态度，闷闷不乐地去上学了。

建议二，父母要拒绝"一言堂"。只有父母放下架子，做称职的父母，成为孩子的良师益友，才能走进孩子的心灵。当家长摆起自己的架子，对孩子的言行进行绝对的控制，在家里把孩子当成自己生命的延续，成为父母年轻时候的提线木偶，作为小孩子等他积累了无数的委屈之后，很可能会选择极端的方式进行反抗。

在一档电视节目里，有这样一个故事，23年前，一对教授夫妇收到大学毕业的儿子小海寄来的一封"绝交信"，从此小海便杳无音讯。"绝交信"里有着对父亲的不解和愤怒的控诉，有对母亲纵容父亲行为的不解和失望。

"当我小的时候，因为淘气，踩碎了房顶的瓦片，我父亲便让我在院里跪着，所有人都看得到。

"当我上初中时，就因为七十块钱，他让我差一点儿辍学。

"等到高中时，他命令我，吃饭的时候必须吃两碗，吃不完就扇我耳光。

"大学时，他居然要求我去追求他认定的某个女生，无所不用其极地监控我的生活。

"终于等到了毕业，我被分配到北京，他给我订好了7月2号的车票，我偷偷地在前一天晚上买了张火车票，逃离了让我像木偶一样活着的家。"

小海曾经和他的母亲有过这样一段对话:“要是每天有人扇你耳光,你怎么想?你会怎么做?”

他妈妈根本没有把这件事当作一回事:“扇你耳光,又不会浪费你多少时间,别计较了。”

小海心灰意冷,原来,父母完全站在他的对立面。

小海这才明白,他和父母属于两个世界。

家长只有把孩子当成一个有思想、有行动能力的个体,平等地去对待孩子,不利用所谓的“架子”去逼迫孩子,尊重孩子说话的权利,孩子才能感受到来自家的温暖和力量,才会觉得自己是这个家庭的一分子,作为家庭的一员自己是被需要的。教育学家认为,只有平等的、民主的家庭才能培养出具有独立意识、积极乐观的孩子,而专制的家庭只能培养出唯唯诺诺的庸才。

一直都在身边,陪伴是最好的爱

当一个人有了孩子成为家长之后,他的人生中就又多了一种“职业”,就是为人父母。一个人即使再有成就,也无法弥补孩子教育上的失败。一部影片里有这样一句台词:“爸爸也是第一次当爸爸。”孩子在成长的过程中,每个父母也在成长。希望百忙之中的父母能抽出更多的时间去陪伴孩子。

在这个世界上,我们努力去要求孩子去接受这世界上各种各样不同的事物,努力地去学会成长,去学会爱,然后能够不孤独地在这个世界上行走多年,这世界上所有的爱都是为了陪伴,唯有父母对孩子的爱是为了分离。放手让孩子去寻找新的人生，放手让孩子拥有自己的人生，只是不知道分离的那一天来临的时候，孩子能否拥有面对这个世界太多未知的勇气和能力。孩子就像是一粒未知的种子，我们现在的很多爸爸妈妈，不是给的雨露太多，就是阳光太暴烈，孩子无法自然地生长。我们陪伴的最好状态，是让孩子从心底里感觉到安全。

安全感，是母婴关系中一项重要的发展任务。Mary Ainsworth通过“情境实验”的结果将孩子的依恋类型分为三种。

A型焦虑：回避型依恋。这种类型的孩子对于母亲的依赖表露得不会很明显，不哭也不闹。

陈可辛导演曾经用苹果手机拍摄了一个小故事《三分钟》，其中有段故事，讲述了一件很久不见的母子之间发生的事情。

许久不见的母亲和小丁，在见面的短暂时间里除了最初的一个拥抱之外，再也没有更亲近的动作。他没有一般孩子在见到母亲时的开心或者撒娇，只是一直沉浸在自己的世界里，背着九九乘法表，他的母亲在见到孩子时候所有的感情都堵在了心口，无法表达出来。孩子清脆稚嫩的声音，让这场见面有些尴尬，而小丁只是牢牢地记住了那句“如果你在我回来之前没有背会九九乘法表，我就不要你了”。他只是在用一种回避的情感表达着他对于母亲的爱，直到妈妈上车之前他背完了九九乘法表，才用力地挥着手说再见，又或许还藏着很深很深的思念。只是那些都没有说出口。

B型焦虑：安全型依恋。简单地说，就是当家长没有在孩子所能看到的范围之内的时候，他就不会去陌生的地方，这也是对家长的依赖，当母亲出现的时候才能给他安全感，他才会离开自己的舒适圈，向陌生的地方探索。

曾经有这样一个孩子，不喜欢跟其他的小朋友交流，经常在玩耍的过程中打人。当这个孩子刚刚来到幼儿园的时候，他的沉默寡言让老师以为他的发育有些缓慢，后来通过一段时间的相处，老师们发现这个孩子并不是所谓的发育迟缓，他不爱说话和他家庭的环境有关系，他的父母已经离异很多年了，他总是和父亲住上一段时间，然后又和母亲住一段时间，更多的时候他和外婆、奶奶住在一起，老人家年纪大了，除了生活上的照顾，并不能给他更多的关心。他缺少父母的关心，就缺少了与外界交流的意愿，他的生活环境告诉他，任何他不熟悉的环境都是不安全的。只有在父母身边，他才会变得开朗一些。

C型焦虑：抗拒型依恋。这类儿童和之前我们说到的安全型依恋的情况有些相似，在相同的陌生环境下，这类儿童依旧不会主动地对外面的环境进行探究，而且会非常明显地表现出他的愤怒和焦虑，当家长离开时，他会伤心，但不会过多地表现出来；当家长再回来的时候，他就会把之前所有的不安全感通过愤怒表达出来，抗拒家长的关心。

当家长不再居高临下地对待孩子，而是尝试着去理解孩子的一举一动、一言一行，建立彼此之间联系的准则，做到坦诚地沟通，相互包容和理解。和孩子在一起，放下手机和工作，一心一意地陪伴在孩子身边，与孩子一同成长，这样既丰富了孩子的童年，也顺带完整了自己的童年。“树欲静而风不止，子欲养而亲不待。”前路是未知的，谁也不知道明天会发生什么，所以我们不要吝啬地对孩子进行爱的表达。孩子只有成长在爱的环境下才有安全感，只有建立了安全感，他才更愿意去相信这个世界。

相声演员马东在接受许知远《十三邀》采访的时候，曾经谈及这个问题，他的父亲是非常著名的相声表演艺术家马季先生，他留下了很多经典的作品，这是众所周知的。相声能给人带来欢笑，让人心情愉悦。但是父亲常年在外演出，陪伴家人的时间少之又少。马东说他的生命是用悲凉作为底色的，和别人一样，更多的是在舞台上看见自己的父亲。父亲花在事业上的时间远远超过了陪伴亲人的时间，所以父亲在他的生命中显得尤为陌生，他就这样默默地长大了。

每个人都会有独立而鲜明的个性，所以父母和孩子之间建立起来的亲子关系也都是独一无二的，没有一种万能的方法来应对千差万别的亲子关系；也就没有统一的标准在去衡量那种亲子关系。那怎样去判断你和孩子之间是不是建立了一种安全平等的亲子关系呢？这就要看当你和孩子在一起的时候，是否能真诚地交流彼此的感受，去认真地对待彼此的存在。

孩子在成长的过程中，也会教会父母许多东西，其中有一样最重要的事情，那就是爱。有一个叫小丽的女孩，她的父母都来自农村，是通过相亲认识的，因为小丽的父亲是个有些笨拙、守旧又非常固执的人，她的母亲则对很多事情都抱有兴趣，并且非常强势，性格上的差异决定了他们婚姻的前十年都处于争吵的状态。

小丽那个时候非常沉默，不爱笑，也不爱和人交流，他的母亲发现了小丽的性格和一般的孩子不一样之后非常担心，于是尝试着改变家庭关系，她开始用一种小丽父亲能够接受的方式，委婉地进行沟通。他的父亲也开始尽量不去太执着于某件事情，听取他母亲的建议。

小丽父母之间的关系慢慢变得融洽起来，小丽慢慢地去结识了许多的朋友，能够直接表达出自己的看法，也开始和父母无话不说，愿意把自己生活的一切分享给他们。小丽改变了她的父母，小丽的父母也改变了她，这也是一种非常理想的亲子关系。

在这个世界上，正是因为父母对孩子的陪伴，又或者是孩子对父母的陪伴，彼此之间才不会孤单，我们所有的情感都有了可以宣泄的出口。这就是陪伴的力量，让孩子和家长都能够幸福，并且一同成长。

调皮是好事，吼叫会抹杀孩子的求知欲

如果将孩子比喻成一棵小树，你给了它许多的营养，却不及时地进行修剪，就会变得枝蔓丛生，就不能长成一棵参天大树了。我们经常说没有规矩不成方圆，我们如果一开始就给孩子立下规矩，并监督着他们来执行，孩子就会变得有原则性，更有利于他们成长。

大多数的父母都应该意识到了一个问题，就是很多时候家长明知道不应该对孩子吼叫或咆哮，但又确实找不到更加有效的办法来教育孩子，来让孩子听话。为人父母本就是一场修炼，毕竟教育孩子是我们的责任，那用什么方法能让孩子好好听话，而不用大喊大叫呢？

有些父母认为，尽管自己有时候会对孩子吼叫，也是为了他好。但这只是你自己的想法，孩子更多的时候不能理解父母这么做的原因。你在吼叫的时候，孩子的眼神通常都是闪避的、游离的。等家长吼完一顿后，孩子可能当时就老实了，家长也就满意了，认为事情就此解决了。父母打着为孩子好的旗号，动辄对孩子一顿吼叫，但如果角色互换，家长可能也无法理解这种行为。

一位妈妈在家正在用电脑办公，突然电脑坏掉了，电脑中非常重要的文件就丢失了。尝试了很多办法都无法寻找回来，这位妈妈情绪崩溃到了极点。孩子看到妈妈情绪低落，于是便想去安慰妈妈，可是他的安慰竟成了妈妈情绪爆发的导火索。

"妈妈，你怎么了？""妈妈你是不是遇到什么事情了？""妈妈你为什么哭了呀？""妈妈，我有什么能够帮助你的吗？""妈妈，你为什么不理我呀？"这位妈妈愤怒地说道："没有看到我在忙吗？你自己不能安静地玩儿会吗？不要来打扰我！"孩子被妈妈愤怒的吼叫声吓了一跳，缩在角落里，玩儿自己的玩具去了。

等到这位妈妈把问题都解决好了，孩子又自己跑过来了："妈妈，你的工作做好了吗？你刚才对我一点儿都不好，妈妈你刚才真是太坏了。"听到孩子的一番话，妈妈有些惭愧了。

当孩子调皮的时候，家长们通常会通过大吼大叫的方式来命令孩子，家长们认为吼叫是一种警告，不算是惩罚。事实上，吼叫并不等同于管教。首先，吼叫开始确实能够"震慑"得住孩子，但时间长了，孩子依然我行我素，左耳朵进右耳朵出，也就不在乎家长究竟说了什么。其次，为什么家长会冲孩子大吼大叫呢？其中的原因也是多种多样的，可能并不是单纯因为孩子的调皮，问题有时候也会出现在家长身上。

“你怎么就不能好好吃饭呢？你看看你弟弟，他比你小，但比你懂事，人家自己都会拿勺子、拿筷子吃饭了，吃饭的时候还特别干净，不像你吃得哪里都是。”

“你怎么怎么笨呢？别的小朋友学儿歌、学故事听了几遍就会了，哪像你，怎么教都学不会，难怪老师不喜欢你。”

“你看楼上的那个孩子，每天早上起来就去背课文，你呢，每天回到家就知道玩儿游戏，早上就知道睡懒觉，学习能好吗？”

“我一听说别人家孩子考试拿高分，我就羡慕得不行，人家那么好的孩子是怎么培养出来的呢？我一看见你就发愁。”

“望子成龙，望女成凤”，每个家长都希望孩子比自己更有出息、更优秀。这种功利心让家长对孩子失去了耐心，孩子同样失去了自信心，让吼叫成为家长和孩子常见的相处模式。孩子失去自信心后不敢去接触更多的新鲜事物，在他成长过程中会一直伴随着我很笨、我什么都做不好的想法，一直到长大成人。孩子更多的可能性和求知欲就这么被抹杀掉了。

有一户人家，三代同堂，并且三代都住在一起，本来可以看到一幅其乐融融的画面，但是他们家每天都能传来训斥孩子的声音，早上是奶奶的责骂声，晚上是妈妈的吼叫声，总之，从早到晚，家长的吼叫声都不停歇。早上是奶奶训孩子：“快点儿吃，早晨起不来，动作还这么慢，上学要迟到了！”孩子声音无精打采地回答：“嗯。”奶奶说道：“你还不高兴，我说说你错了吗？说你多少遍了，就是不听。”

到了晚上，妈妈开始接着训斥孩子："别看电视了！我出门前让你练琴你练了吗？就知道看电视。"孩子："我马上就去，你就别喊了，行不行？"

家长训斥孩子基本都集中在早上和晚上，情绪波动都特别大，差不多是每天都必须要经历的事，在这两个时间点又会不断地重复。据说，这两个时间被称之为是"魔鬼时间"。孔子有一句话："鞭扑之子，不从父之教。"意思是家长依靠吼叫代替管教的做法是非常不可取的。明代有一本书叫作《苏氏家语》，它记载了父母、子女、舅姑、夫妇之间相处的典范。其中有这样一句话："孔子家儿不知骂，曾子家儿不知怒，所以然者，生而善教也。"孔子和曾子都是非常优秀的教育家，他们用讲道理的方式让家长们明白了这件事情。只有不吼不叫，才能完整地把家长想要传递给孩子的道理或者理念表达出来。

怎样才能够真正地实现家庭教育的目标呢？吼叫只会让家庭成员之间的关系越来越紧张。当家长陷入了负面情绪之中时，首先要学会让自己平静下来，不要把自己的负面情绪传达给孩子，无论这个负面情绪是和孩子相关还是和孩子无关。家长要首先意识到自己的不足，也要承认孩子的不完美 。明白调皮是孩子的天性，可以适当地进行约束，但是不能强制性地压制。

跨越亲子代沟，进入孩子的世界

冰冻三尺，非一日之寒。家长和孩子也不是一开始就有代沟的，代沟是两个时代的对话，既然可以生活在同一个空间，那肯定有办法共同生存。可既然出现了代沟，这就不是一两天造成的了，这是由于长年累月地不去沟通，不能在同一个次元进行对话而“挖开的沟”。有沟就会有桥，只有通过改变沟通方式，家长才会和孩子出现在同一个次元，从而进入孩子的世界。

家长需要在细节上去关心孩子的学习和生活，让孩子乐于将一切分享给自己的家长。父母会告诉孩子自己也曾经厌倦过学习，也曾经喜欢打游戏，也曾追过星，孩子与父母找到了共同点，这样通往孩子内心世界的大门就会敞开了。家长和孩子的关系越好，孩子执行起家长对自己的要求就会越好；反过来说，父母不愿意了解孩子，孩子同样也不会愿意去了解自己的父母。

听到有一位家长和别人聊天时这样说：“我们夫妻两个，之前工作都特别忙，除了接送孩子外，在饭桌上都不怎么交流 。孩子之前性格特别开朗，在饭桌上总是和我们说他今天在学校过得怎么样，得到了某个老师的表扬，被某一个同学踩了一脚等等，那个时候我总是觉得我工作这么累，哪有心情去听你说学校发生了什么事情，孩子说话的时候，我一般都是敷衍了事。等我们有时间了，才突然发现孩子很久没有讲过学校里发生的事情了。

“有一天，我看到孩子进门的时候还是笑着和同学讲电话的，进门看到我们就立马面无表情了。我问他要不要和我们一起去看电影，他没说什么就关上了门，回房间了。我呆坐在客厅，房间内传来了他和同学打电话的声音。”

当家长去拒绝孩子的时候，就应该想到有一天也会被孩子拒绝。所有的事情都是有原因的，孩子不是没有想过和家长交流，可是家长大多数时候都不愿听，当家长想起来要和孩子沟通的时候，孩子已经学会了拒绝。只要有心去交流就是好事情，我们要做的就是修复父母和子女之间沟通的桥梁。首先不要开口说成绩，闭口聊分数。

有一个在补习班上课的老师，经常有学生和他抱怨："老师，我和你说，我觉得我们一天天活得也太辛苦了，每天早上天还没亮就要起床，八点之前必须到学校，每天上完课之后还要写作业，不到十点都不能睡觉，作业写错要被批评，作业本上的字写得不好要被批评，我们简直太辛酸了；这还不算什么，我们还有数不清的补习班、特长班，好像不多上几个特长班就不配当学生一样。老师，你说我们的命怎么就这么苦啊，考试成绩不理想就要被请家长，分数下降一点点家长就大呼小叫，就好像天塌了一样，你说这些大人怎么这么严格呢？大家都有童年，你说你的童年被你的家长给搞成这个样子，你也不愿意吧。考试成绩不好，我就好像犯了重罪一样，分数真的能决定一切吗？"

家长经常对孩子说要好好学习，而没有关心他在学习过程中遇到了什么麻烦。不要以为孩子还小就没有什么烦恼，或者他们的烦恼不值得被重视。只有当家长重视了孩子，重视孩子的一举一动，才是走进孩子内心世界的第一步。但重视也不等同于监控，要重视但不企图左右他。这样才能激发他们摆脱黑白色的生活，迎接外面五颜六色的新世界。

“另类”孩子，请善待他的胆小

我们经常会用“另类”来形容性格和其他孩子不太相同的孩子，孩子不合群会被叫“另类”；孩子性格太过于安静会被叫“另类”；孩子性格过于活泼会被叫“另类”……“另类”的孩子心中有自己的天地，所以，我们要对他的“另类”抱有善意。有一种孩子，他们天生喜欢安静地看书，有着理性的思维，他们比同龄孩子想到的事情更多，看到事物不是从自己的主观感受出发，而是能够从客观的事实进行考虑和计划，他们过于成熟，似乎失去了儿童天真烂漫的那一面。

这样的孩子如果不是因为学校的霸凌，那就是因为家庭原因造成的结果，诸如双方家长的感情不和、互相谩骂、对簿公堂；家长过于溺爱孩子，孩子不喜欢去接触外面的人、事、物；家长不让孩子去同学家，去邻居家串门也会被人看不起，孩子对自己没信心等等。许许多多的原因都会造成这样一个结果，孩子的性格比较温和，过于安静，他们心中的想法不愿意和同伴们分享。但其实对于孩子而言，胆子小并不意味着软弱。

晓峰今年10岁，家里的书很多，放假的时候大部分时间他都会待在家里看书，他看书的类型大多集中在天文地理，他会慢慢地看，还会去找其他的资料。一个小学没毕业的孩子在书房里一坐就是一天。他的父母经常会说：“晓峰，你看你同学都来找你踢球了，你不要总在家里看书，多跟同学出去玩玩儿。”晓峰总是说：“那群小孩子太幼稚了，我和他们有什么可玩儿的呀！而且我并不需要朋友，朋友有什么好的。”他的父母说了几次，也没有什么效果。

后来他的妈妈决定限制他的看书时间。终于等到了一个机会，晓峰妈妈的单位要去外地旅游，她没有和晓峰商量，就直接给晓峰也报了名，等晓峰到家的时候，妈妈告诉了他这件事，结果两个人吵了一架。虽然晓峰还是个10岁的孩子，但他已经很清楚地知道自己想要什么了。

当孩子喜欢独来独往的时候，他很可能和其他的孩子们之间出现了很大的问题，无论这问题是出现在孩子的身上，还是在其他小朋友的身上，父母都要试着去引导孩子，帮他解决这个问题。因为孤独的孩子一般都会觉得他对这个世界不感兴趣，同时也会感觉到世界抛弃了他。这个时候，父母如果不去干预、不去引导的话，他就会在孤独中越陷越深。

一位妈妈曾经这样形容自己的孩子：“我们家的孩子平时看起来有点儿‘窝囊’，就是见着谁都不敢大声说话，也不敢到人前去表现自己。但是，就在去年的暑假，他和他的好朋友背起半人高的背包到内蒙古去徒步旅行了，整整走了三天，还用手机给我们拍了录像，我们看到了他大声放肆地笑着。这是我第一次看到他那么开心，那么无拘无束。”他妈妈还说，感觉自己家孩子在旅行的过程中找到了一扇门，通过这扇门，他能释放对自由的渴望。孩子也用实际行动打消了家长的顾虑。其实很多孩子只是看起来胆小而已，他们只是不能够将真实、完整的自己表达出来。

孩子要学会的是成长，而家长要学会是放手。家长要不断地鼓励孩子向前走，前方是更广阔的天地，孩子胆小也是一种正常的情绪，因为不了解，或者是不够了解前方未知的世界。成年人不再恐惧是因为他们都已经经历过了，而孩子们即使再早熟，对于没有接触过的事物也一定会恐惧害怕，所以家长一定要学会放手，早早地鼓励他们自己的事情自己做。等经历多了，也就不再害怕。

在小力妈妈眼中，小力这个孩子似乎缺乏同情心，对周围的人都非常冷漠。原因在于有一次小力的妈妈生病了，小力没有像别的孩子一样安慰妈妈，反而是吃过了饭之后就早早地回到房间里休息去了。小力的妈妈觉得自己是孩子的妈妈，生病了孩子都这种表现，所以就认定孩子一点儿同情心都没有，是一个铁石心肠的孩子。

其实有些孩子表达爱意的方式往往很委婉，不仅表现在爱自己的这件事情上，还表现在向别人表达爱的时候，就像小力知道妈妈生病了之后虽然没有用言语来表达对妈妈的关心，但是他也没用别人操心就早早地上床睡觉了。他希望通过自己的行动来告诉妈妈，您可以好好养病，我会照顾好自己不让您操心的。小力不是妈妈说的那样没有同情心，而是不会表达，又害怕自己表达的方式不被别人认同。这个时候家长可以尝试去引导，让小力去给妈妈一个拥抱，等到下一次小力就知道该怎么办了。

有一位家长在这方面就做得很成功，为了使孩子不再“另类”，便经常带他去接触外面的世界，比如参加体育锻炼，还有一些勇敢者游戏。孩子特别喜欢在游戏里和父亲一较高下，在较量的过程中孩子的体质变得越来越好了，也学会了当面对危险时该如何保护自己。

当然，如果不小心而受伤了，家长也不会责怪他，只是负责把孩子的伤口处理好，并且及时地鼓励他，让他勇敢一些，再勇敢些。后来他在不断的碰壁过程中他学会了自己包扎伤口。当孩子慢慢有勇气的时候，他就会开始去尝试更多的事情，越来越勇敢和独立。

其实没有人天生胆子大，每个人都需要去磨炼自已，使自已变得更加勇敢。所以多善待那个“另类”的孩子吧。撕掉他身上“另类”的标签，然后将“另类”这个词遗忘掉。

释放孩子身心自由，溺爱不等于真爱

爱孩子是父母的一种本能，它本身不需要你主观地去努力，甚至它都不需要经过你的意志去决定；而溺爱，是把孩子放在一切事情的前面，孩子不需要去思考什么事情，不需要努力就可以得到许多东西。

在溺爱环境下成长的孩子禁受不住外界的困难和挫折，哪怕是一点点，这就是我们经常说的“玻璃心”。家长把孩子放在高高在上的位置，包办了孩子的一切，孩子也不会考虑别人的感受：而且在溺爱环境下成长起来的孩子，虽然和父母的关系比较密切，但是当孩子完全失去人生的控制时，他的成长就会发生扭曲，他的心智相对于同龄人来说就会不成熟。

曾经有这么一家人，孩子出生后，一家几口人都宠着孩子。在牙牙学语的时候，孩子对他没有见过的事情非常感兴趣，他会看着家长手里的饭勺，然后挥舞着手臂，眼睛直直地等着饭勺送到他的嘴边，试图把大人手中的饭勺夺过来，这是一种本能。孩子天生对吃饭感兴趣，虽然一开始他拿不稳自己手中的筷子，桌子上的饭菜到处都是。但是当他吃到了自己放进嘴巴里的食物的时候，有种满满幸福感，就像眼睛里有星星。可是，大人总是对他这种想要“自己吃”的热情视而不见，因为家长觉得孩子自己吃饭还不如他们喂给孩子吃，这样就省了在地上捡饭粒的麻烦了。

但家长没有仔细想过，一棵小树是没有办法在一夜之间长成一棵参天大树的。在成长过程中，孩子是笨拙的，他在慢慢地探索着这个世界。但是大人不能在孩子没有达到自己希望的高度的时候就剥夺了他们的权利，这对孩子的成长是不利的。所以，我们总是在说自己的事情就是要自己来做，孩子会在做某件事情的时候从中找乐趣，或者是养成习惯。而包办了孩子的一切也是一种“暴力”，是一种“软暴力”，所以溺爱的另外一个名字叫捧杀。家长也不顾孩子是否喜欢，是否愿意，就一味地给了孩子许多的东西，其实他可能只是在补偿从前的自己。

有这样一个在事业上颇有成就的家长，她非常爱她的女儿。因为工作的关系，她经常会到各地去出差，而不论她到哪个城市出差，她都会在第一时间冲到当地最高档的商场给她的女儿买一对洋娃娃。而且她的女儿也一直都在抗议，拒绝数不过来的洋娃娃，她家里的洋娃娃数不胜数，即使一天换一个，一年都玩儿不过来，她的女儿因此对洋娃娃越来越不感兴趣了。在女儿的抗议下，这位家长已经答应了她的女儿不再给她买新的洋娃娃，但这位家长却没能管得住自己，家里的洋娃娃依旧是越来越多。这位家长自嘲是自己对孩子太“溺爱”了，她的内心告诉她这样是为了女儿好。女儿却讨厌起了洋娃娃来。

这位家长开始意识到自己似乎对洋娃娃特别偏执，在女儿讨厌洋娃娃之后还是忍不住要买洋娃娃，她想弄清楚这件事情的原因。于是她决定去请教心理医生，心理医生告诉她是因为童年时期的她很喜欢洋娃娃，所以她买了这么多洋娃娃不是为了女儿，而是买给自己的。

在这位家长还是个小孩子的时候，他的父亲因为总是在外面出差，不能经常陪伴她，所以她以为父亲并不喜欢她。直到有一次父亲在一次出差回来时给她带回了一个洋娃娃，那个洋娃娃并没有多贵也没有多漂亮，但是她非常开心，她认为她的父亲还是非常喜欢她的。她的父亲看见女儿这么高兴就承诺以后每次出差回来都给她带洋娃娃，可是直到这位家长长大成人、嫁人生子也只收到了那唯一的一个洋娃娃。父亲似乎忘记了那个承诺，他们的关系虽没有因为一个洋娃娃改变，但当她有了自己的孩子以后，她内心的孩子就又想起了那个关于洋娃娃的承诺，她以为女儿会和她一样开心。当她明白了这件事情之后，仍然会买洋娃娃，只不过他这次是买给自己的。

有的时候溺爱看上去是在毫无节制地满足孩子，其实有时候家长只是为了满足自己，而家长口口声声地说满足孩子所有需求的同时，并不是在考虑孩子的需要。

某个小学班级里有这样几个小孩子，他们不会自己系鞋带，甚至不会用筷子，在做值日的时候总是笨手笨脚，而且还没开始值日，家长就已经进来，家长一进来他们就跑到了外面，书包都是家长收的。

后来，我决定在家长会上看看这样的孩子多不多，于是就简单地问了一个问题："家长们，有在家里边让小朋友帮助你们做事的，孩子现在可以独立做自己的事情的请举手。"

不出所料，有一小部分三年级的孩子生活还无法自理，家长给出的理由是，害怕他太慢上课迟到；害怕做不好，浪费时间；害怕孩子做事情会帮倒忙。

尼采有这样一句话，大致意思是说，真正活过的人，他都有着选择自己人生的权利，而不是像一个木偶一般活着。孩子在成长的过程中一定要有自己独立的个性，成为一个独立的个体。不能因为溺爱而过度抹杀孩子原本拥有的可能性。家长在教育孩子的时候一定要遵守一个原则，那就是"教育一致性原则"。即在面对一件事情的时候家长只能先统一意见，不能一个指东一个指西，这样孩子会混淆，分不清哪个才是正确的，该听谁的。

一棵小树，只有经历了一番风雨才能茁壮成长，才能长成一棵挺拔的参天大树。不是因为大树妈妈无微不至的照顾，而是大树妈妈敢于放手，在一旁守护着它。

学会换位思考，站在孩子的角度思考问题

"人非圣贤，孰能无过"，家长在做错事情的时候，总是用这句话来安慰自己，我们会尽量冷静地找出问题，分析它，然后解决它。但当家长面对犯错误的孩子的时候似乎就失去了这种宽容，而是去否定孩子在这件事情上所做出的努力。

家长和孩子之间不应该是东风压倒西风的对立关系，而应该是

建立在某种平等的关系之上。家长的人生只是在长度上比孩子要长，见到的比孩子多，所以就有了这样的一个现象：家长喜欢用自己过去的经验和孩子现在的成长过程做比较。不是不好，而是孩子即使不叛逆也很难按照别人的经验去生活，因为那是家长自己的人生经验，并不是孩子自己的。

如果我们不能走进孩子的内心世界，那么所有的经验都是无用的，家长要清楚孩子是怎么想的，也要努力去理解孩子的所作所为。将我们父母和孩子之间的关系换成“第一人称”和“第三人称”，来讲述一下站在他人视角是多么重要的一件事。

就以生活中有时会发生的情景来说说第一人称角度和第三人称角度的区别，一个女生踩着高跟鞋出门了，走着走着一个不小心脚就崴了一下。将这个画面定格，用第一人称也就是自己的角度来讲，脱口而出的一句话是：“哎哟，好疼！”这个时候，第三个人也就是站在他人的角度上是这样想的：“有个挺好看的姑娘走着走着崴了一下，好倒霉呀！”这种想法的不同发生在生活中的方方面面。

当我们站在“他人视角”去思考和教育孩子的时候，所谓的教育方法和技巧，无非都是利用“他人视角”之后的结果产物。但是，每种技巧和方法都是有前提的，如果我们无法站在“他人视角”，也就是无法站在孩子的角度去思考问题和利用技巧的话，那么所有的方法和技巧都是不成立的。

在我们面对孩子的时候，“他人角度”的思考会给我们提供许多视角，在孩子教育的问题又或者是其他方面的问题上，所有的教育方法和技巧都是基于自己站在孩子的角度去分析孩子做这件事情的动机。随着孩子一天天地长大，他们的心理也在不断地发生变化，家长要学会“换位思考”，因为孩子可能会经历你经历过的，但因为本身你们所站的角度就并不相同，所以会得出不同的结论，这也是一件非常正常的事情。

青林的爸爸认为青林还小，还没有成年，有些电视节目并不适合他看。青林没有听爸爸话，坚持要看这个节目。爸爸对青林说：“这个娱乐节目非常不适合你看，你还是看一些动画片或者益智类的电视节目吧。”可是爸爸越不让青林看的时候，青林越想看这个节目，但爸爸也坚持自己的教育方式和原则，直接否定了青林的想法，青林就大哭大闹，父子两人谁也不让步，到了最后，青林爸爸就忍不住动了手。

青林妈妈认为青林爸爸这么做对孩子以后的成长非常不利。于是，妈妈建议爸爸换一种教育方式，比如站在青林的角度想一想他为什么执着于这个电视节目。青林爸爸也明白体罚并不能真正地解决问题，自己强势的态度让青林产生了逆反心理。于是爸爸决定换一种方式教育青林。又一次，青林看起了娱乐节目时，青林爸爸并没有像以前那样强制换台，而是很平静地说：“儿子，我知道你想看这个娱乐节目，但它真的很不适合你，爸爸不会答应你的要求。即使你又哭又闹。但是，你有其他的选择。”出乎意料的是，青林没有顶撞，也没有反抗，而是乖乖地换了一个少儿频道，津津有味地看了起来。

现在孩子的成长环境不同了，他们的世界是五彩缤纷的，但同时面临着重重压力，孩子也需要宣泄，家长的训斥是起不到任何作用的，作为家长，需要做的是冷静下来，站在孩子的角度去分析问题，然后引导着他去解决问题。

有一位妈妈特别喜欢逛街，她每次逛街都要带着她的小女儿，想培养一下女儿的时尚感。可是去了几次之后，孩子就特别反感和妈妈一起出来逛街了。这位家长很不理解，为什么女儿抗拒这件事情，直到有一次这位妈妈给女儿系鞋带蹲在地上的时候，她才恍然大悟了，就是大人能看到各种漂亮的衣服和包包的时候，以孩子的身高，她却只能看到鞋子。

小孩子对于世界的最初认识来自家长，而后才是自己去探索、去实践来获得的对于这个世界的真情实感。他们不知道家长为什么一直盯着分数，对于学习成绩每天要说上几遍，家长的通常说法是：你现在一定要努力学习，你不努力学习就考不上好初中，考不上好初中就考不上好高中，考不上好高中就不能上好的大学，考不上好大学就找不到好工作。当然这已经是前几年的说辞了。因为孩子和家长看到的世界本来就不一样。所以不用为了培养十项全能的孩子而每天穿梭在各种补习班、特长班中，这种生活只会让孩子和家长都身心俱疲。这种从众心理最坏的结果就是弄巧成拙，让孩子变得越来越叛逆，孩子觉得家长不可理喻，给彼此都造成了巨大的压力。所以不如听一听孩子想要什么、喜欢什么，有针对性地安排孩子的课余时间。让孩子觉得你是在认真地和他沟通，尊重了他的想法。只有你站在孩子的角度上想问题了，孩子自然会站在你的角度来想问题。

成为偶像，让孩子以你为荣

孩子在成长的过程中会遇到许多的困难，在这个过程中，他需要家长来引导他，如果家长能做到孩子所期待的每一件事情，那么家长就会成为孩子的偶像，成为孩子心目中的英雄，孩子也能创造属于自己的奇迹。

孩子在成长的过程中，会崇拜很多人，从隔壁班打架非常厉害的小哥哥，到能够飞到太空的宇航员；从保家卫国的军人，到能使国家发生日新月异变化的国家领导人。孩子的偶像有千千万，但对孩子影响最为深刻的还是他们的父母。父母把孩子带到了这个世界上，也是能给孩子更多可能性的人。可是有相当一部分的孩子并不能理解父母、支持父母，更别提把父母当成是自己的偶像，去崇拜自己的父母了。当他提起自己的父母的时候，时常充满了厌倦之情，有时甚至都不愿意提起。这个时候，家长该怎么办呢？家长该怎么去做，才能让自己成为孩子的榜样呢？

有一个小学生，是这样看待自己的家长的，他说他爸爸对工作非常认真负责，和同事们的关系非常融洽。有一次，当他爸爸看到公司食堂的升降梯坏了的时候，就第一时间找工人来修理，连饭都顾不上吃，食堂的叔叔阿姨都对爸爸伸出了大拇指。

爸爸又是一个公私分明的人，他是单位的领导，在工作的时候，他对同事们要求十分严格，把工作落实到个人，使每个人职责分明；可是在私下里，爸爸能够和公司的同事们打成一片，非常关心他们的生活，一点儿领导的架子都没有。他爸爸是他的偶像。

其实可以让孩子适当地去了解你，你的工作性质、你工作的具体内容、你工作的时间、你工作的地点，可以把孩子当成自己的朋友，把工作上所有的事情都讲给孩子听，不要害怕孩子听不懂，你所有的辛苦，面对困难时的坚持，很多时候能够吸引到他，甚至能够让他感动。

和孩子去分享今天发生了什么，某一点或许就是他喜欢你的理由，就像他喜欢一个虚拟人物是因为他的声音很好听。再来可以根据他喜欢的那一点进行无限放大，这就是我们常见的一个词叫作“立人设”，你的人设立好以后就是维护“粉丝”关系了，要经常了解“饭圈”也就是你的“粉丝”在做什么，是不是该满足“粉丝”的小愿望了来保证“人设”不崩，基本上孩子就会成为家长的“死忠粉”了。

有这样一个小女孩，她生活在山村，她上学的地方离她的家有十几里的山路，她需要坐车去上学。某一天，天下起了小雨，已经上了几节课了，她才记起午饭没带。中午的时候，她母亲竟出现在了她的教室门口，身上头发全部都是湿漉漉的，面带着微笑看着女儿，并把午饭递到她手上，当时已经饥肠辘辘的她眼睛湿润了；在家中，几乎所有的重担都落到了她母亲的肩膀上，她的母亲能够自己开车拉回种庄稼需要的种子、化肥。只要她生病了，母亲就会一刻不离地守在床前，守候着她。所以她母亲就是她最崇拜的人。到后来她大学毕业、参加工作了，发现母亲已经白发苍苍，很多事情现在已经力不从心了，可是她依然崇拜她的母亲，因为母亲给了她这世界上最无私的爱。

家长还可以成为更好的自己，用努力和行动让自己成为孩子崇拜的偶像。因为教育或者崇拜本身就是一个相互传承、相互连接、相互证明的事情。如果想要孩子更加崇拜你，你就要一直去做自己最擅长的事，偶尔挑战一下自己，充实一下自己，做一做自己不愿做的事，去开阔自己的眼界，去看看更广袤的世界，尝试着和孩子一起看更多更加美好的风景，去见证更为美好的事情。

家长可以像之前说的一样放低自己的姿态，用平等对话的方式让孩子越来越爱你、越来越崇拜你。陪伴着孩子一起观察这个让他新奇的世界，让孩子能够更全面地认识世界，打开自己和孩子的格局。

有一个孩子在作文里写过他的妈妈：他的妈妈没有上过大学，她去超市当过收银员，在街上摆过地摊，在工厂当过工人，吃过了很多的苦，后来拥有了自己的面包店。她是个特别努力的人，是他崇拜的人，他为她感到骄傲。

每当他有什么问题要问妈妈时，她如果不知道的话也不会说“你去问别人吧”，而是帮助他，要不去网上、要不去书本上寻找答案。

成为孩子的偶像，以身作则会比一切的吼叫和谩骂管用。成为孩子的偶像不是一朝一夕之间就能做到的事，这需要家长不断地去了解孩子，用平常心态去对待孩子，以自己良好的人格去影响孩子。孩子对家长的教导接受与否的一个重要前提，就是孩子能不能认同父母的能力。知识水平、社会阅历、工作经验，大多数取决于父母自身的能力。还有如果我们对孩子们的生活一无所知，缺乏思考，那么必然会和他们渐行渐远。越是认同父母某方面能力的孩子，越有可能在遇到类似困难的时候向父母求助，也越有可能接受父母的教导和建议。

家长可以软弱但是不要去抱怨，可以落魄但不要失去对生活的希望。作为家长，要认真地对待每一件事情，即使职业再普通，也可以成为孩子的榜样，以积极乐观的心态去面对这个世界上所有的暴风雨，让孩子以你为荣。

第三章

平等沟通，孩子“听话”又合作

作为家长，我们应该明白的是，只有和孩子平等地沟通，去了解和尊重他们，才能与孩子建立起良好而和谐的亲子关系。家长不能把自己的意志强加给孩子，同时还要做孩子的知心朋友。那样孩子就能和家长坦诚相待了。

亲子沟通，知道孩子内心的想法

孩子叛逆是每个家长都会遇到的世纪难题，每个人都希望家庭和和睦睦，没有分歧和争吵。但是家长和孩子之间会时不时发生“局部战争”，这来源于家长和孩子之间相互的不了解，家长总是会和别的人抱怨我们家的孩子回家之后什么都不说，只会和自己“对着干”，惹自己生气。

事实上，孩子也会抱怨家长根本不在乎自己的想法，也不愿意听自己的解释。只要他们说话，家长便觉得他们是在顶嘴，故意和自己作对。从学习到生活的各个方面，双方不是吵架就是冷战，要不就是单方面地施压。即使朝夕相处，双方也依然不愿意去了解对方。

父母首先要主动地亲近孩子，取得他的信任，他才愿意和你说出自己的想法，这是自然而然的事情。父母对这个世界的了解总比孩子要多，先低头不是失去了做父母的威严，而是有了为人父母的这一份担当。如果父母只在乎在孩子面前树立所谓的权威，那还有什么资格去教育孩子呢！取得孩子信任的办法，要么是成为他最崇拜的偶像，要么是成为他最信任的朋友。

总之，首先就是低下你的头，先要选择信任孩子。平时尽量让你和孩子的相处时间变得轻松而愉快，聊天的时候你不是他的家长，而是孩子的闺蜜或者死党。可以开玩笑，可以打闹，努力地让家庭氛围变得更好。和孩子交流时，就是要看着他的眼睛，用眼神的交流建立孩子和家长平等的沟通。

小刚今年六岁了，因为父母之前都在外工作，他一直就待在奶奶家。后来父母将他接到了身边，某天晚饭的时候，母亲先炒了一盘青菜放在了桌子上，然后回厨房去弄别的菜了。等小刚的母亲从厨房再一次出来的时候，桌上的青菜已经没有了。小刚的妈妈问："小刚，是你把菜都吃掉了吗？不是应该等家人一起吃饭的吗，你怎么把菜都吃完了呢？"

小刚没有说话，只是一直掉眼泪，小刚的妈妈就很奇怪了："我又没有和你发脾气，又没有吓唬你，这样的小事哭什么？我问你，你解释一下就行了。"小刚一边哭一边说道，在奶奶家的时候他都是这样做的，奶奶也没有这样问过他，他吃得越多，奶奶越高兴。还一直夸他呢。并没有告诉过他别人没吃的时候自己不准吃。小刚的母亲听到后，耐心地告诉他："吃饭的时候要让长辈先上桌，长辈先动筷子吃饭，你才能吃饭，要为他人着想，这是餐桌上的礼貌，也是为人该有的礼貌。"

父母不能把所有的问题都归结到孩子身上，让孩子平白无故地受到委屈。不论目的是什么，只有交流沟通后才能解决问题。孩子年纪小，考虑事情一定单纯而直接，可能还很幼稚，所以不要武断地推翻孩子天马行空的想法，这是一种极其错误的想法。家长可以选择坐下来听孩子说一说前因后果，不轻易地下结论，嘲讽他又或者是轻视他，这会让你们之间的隔阂变得越来越深。正确的做法就是听他说，然后适当地给他提供一些建议。告诉他他的想法不是错误的，只是还不够全面，可以再相应地补充一下。关于一些原则性的问题，就可以用过来人的经验去给孩子做个提示。亦师亦友，才能更加准确地理解孩子内心的想法。

有个家长想邀请朋友及其家人来自己家做客，孩子们都是同学，两家平时来往非常密切。可当他家的孩子知道要请客这件事情的时候反应非常的激烈，一直用一种很直接、很厌恶的话语拒绝那个小朋友来家里做客。家长感到非常奇怪，因为两家孩子的关系一直非常好，自己家孩子个性温柔，从不会主动地去讨厌或者招惹什么人。于是他这样耐心地听孩子解释，原来是朋友家的孩子过生日的时候，他和那个小朋友大吵了一架，所以他开始讨厌那个孩子了。

这个家长听说之后就说那就不聚会了吧，我得先尊重自己家的孩子。孩子看到家长一脸的失望后，马上说只要爸爸妈妈喜欢，他也喜欢，还可以与那个小朋友再次成为好朋友。这就是相互理解所带来的美好结果。

现在父母最大的特点就是特别忙，爸爸忙，妈妈忙，两个人每天都特别忙，即使在餐桌上手机也是不离手的。再来就是喜欢催促孩子，上床睡觉、起床、读课文、洗漱、做作业，就没有一项不要求孩子动作快一点儿再快一点儿的。急急忙忙地没有时间和孩子聊天，给孩子讲故事。家长不要忙着催促他们，和他说一些只有家长和孩子之间能够交流的某件事，而是应该去关心孩子，了解孩子。当孩子犯错的时候，自然就能够想起父母之前的嘱咐了。

所以不要去否定孩子想法，要学会换位思考，看孩子是否能够接受，不要对孩子的感受进行全盘否定，要去适当地引导和鼓励孩子。这样孩子才会把自己的东西与你分享，才会信任你，家长也能有针对性地提出自己的看法，来帮助孩子渡过难关。当一个人能确确实实地感受到被另一个人真正地接纳和沟通时，他就有了去鼓励和陪伴他人的能力。如果孩子对某件事情固执己见，家长对他的行为表示理解并提出自己的建议的时候，孩子就会开始思考，他这样的行为是否真的合理，别人是否能够接受，帮助一个孩子最好的方式，就是认真去听他所表达的，听到他内心的声音。

站在孩子身后，不要挡在他们身前

人生就像一座独木桥，前进比后退容易得多，父母走在孩子的前面，牵着孩子的手，父母把牵绊当成了习惯。认为走在前面的人就必须永远得给后面的人遮风挡雨、披荆斩棘。殊不知，只要父母放开了手，孩子就能走出一条属于自己的路来。

父母心甘情愿地替孩子保驾护航，希望孩子有天能够出人头地；孩子则希望家长能够放手，什么都让自己去试一试，即使是南墙也要撞一撞。父母与孩子之间的矛盾，不是不爱，而是太爱对方，都尝试着去说服对方，但谁都说服不了对方，就像两个危险品放在一起，你不退步，我也不妥协，迟早会爆炸。孩子内心的想法是："我就是不想让你管我这么多，你偏要连我戴不戴帽子都要管。我已经不介意你进入我的世界，了解我的内心，可是你却在试图打破我所在的世界的平衡。"

有一朵非常美丽的花，它独自盛开在一片草原上。忽然有一天，一个来到这里的人发现了它，他非常喜欢这朵野花，他认为这朵花是绚丽多彩的，并且非常独特。

于是这个人就想为这朵花换一个家，这个人也是一番好意，希望将美好就此留住，于是就满心欢喜地将花摘走了。这个人把这朵花栽在了一个非常精致的花盆里，每日悉心照料，日日如此。只是风雪来的前夕，虽然那花开得绚烂，却没有了之前的生气，如果继续这样下去这朵花就挨不过之后的风雪了，养花的人非常苦恼，无论他怎么努力还是没有起色。直到有一天，他把那朵花放在了一片湿润的土地里，然后发现花朵一下子又有了生机，不再像之前那样那么容易凋谢和枯萎了。那时候，他明白了一个道理，想要花朵生机盎然，就得让它在大自然里生存，圈养就是限制了它，这其实是害了它。

那朵花就像孩子，孩子有自己思想，身为孩子的父母，如果不适当地去放手，哪怕花儿再鲜艳，也会在不知不觉之间开始枯萎，走向凋谢。当家长断定某件事情对孩子成长有益的时候，就可以适当放手。即使错了也没关系，他还有重新再来的机会。错误是所有认知的起点，不要对孩子说太多的大道理，当你把所有的事情摆在孩子面前的时候，孩子就会自己去面对，即使是做错了，也要让孩子不要去埋怨别人，自己负起责任。“勿谓言之不预”，在这个时代，道理人人都能讲，但未必人人都有承担责任的勇气。

作为家长，我们要站在孩子的角度去看问题。孩子会去模仿他们所看到的一切，他们不会在脑海深处直接或者间接地去分辨事物的好坏，在他们的世界里，都是直来直去的，好就是好，不好就是不好。我们不要总是给他们讲道理，我们要给他们让路，让他们自己走独木桥，我们家长在后面看着就行。那样孩子的感受会更加深刻。

一名家长给他的孩子写了一封信，信的内容是这样的：

孩子，因为我们身体不好，给不了你很好的家庭的条件，所以你会有一些压力，但有压力是一件好事。压力会让人在走向未知的前方的时候，不至于太过恐惧。在“千军万马过独木桥”的考试制度中，作为爸妈的我们并不能帮助你什么，希望你能够完成你自己的心愿。在父母眼中，你一直是一个孩子。我们不愿意你因为家庭琐事而倍感压力，不愿意让这些事情影响到你。这段时间，我看你学习到深夜，我问你为何学习那么晚，你告诉我们，因为你想考更高的分数，你还说了一句让我记忆深刻的话，你说父母不应该站在你的前面，而是要学会站在你身后。

你已经足够勇敢，可以用小小的肩膀扛起自己的重任了。所以，在以后的日子内，作为家长的我们也要更加努力，努力地生活，努力地去相信你，相信你也能闯出属于自己的一片天地。因为你只有努力了，才有成功的机会，才能与这个世界更好地相处。人生的路必须自己走，没有人能够代替你长大，但是，你要知道，父母会永远在你身后支持你，是你心灵的港湾。

凡事只有孩子亲身经历过，才会有不一样的感受，别人的经历实践，那是别人的。即使他听进去了，也不代表他真的理解了。作为家长要学会放手，当孩子遇到困难的时候，我们家长可以适当地引导一下，但最终还是要让他自己去克服困难。我们要学会站在孩子身后，让孩子从小就学会独立，家长并不能陪伴孩子一生，不能无时无刻地陪在孩子的身旁。只有培养孩子独立的能力，才能让他在以后的工作和学习中有更大的成就，在人际交往中可以更好地应对，更好地独立生活。

洋洋今年12岁了，活泼又开朗，而且特别喜欢冒险，喜欢各种挑战，所以他总是在尝试着各种不同的新鲜事物，但这就意味着意外发生的概率很大。他有很多的好朋友，他们总在一起玩儿。有一次和朋友在一起玩儿的时候，不小心把妈妈最喜欢的水晶杯给打碎了，当妈妈问起来的时候他很害怕，因为当时妈妈的表情非常严肃，他不知道如果他承认了这个错误，会承担怎么样的后果，他就一直都没有说话，他的妈妈也没有说话，只是很安静地看着他。两个人面对面站了很久，后来洋洋想到妈妈之前一直跟他说的要学会承担自己的责任，洋洋思想挣扎了很久，尽管他知道妈妈会惩罚他，他最终还是说出了是自己不小心打碎的事实。

所以孩子还是可以独立地面对这些事情的，成年人都在倡导人身自由，没有什么是家长必须负责到底的，有相当一部分家长的负责可能只是为了控制，控制那些孩子喜欢的事物，借此来控制孩子的自由。适当地放手，给予他们自由成长的权利，相信他们可以照顾好、管理好自己。家长适当地放手，就和孩子之间有了距离，有了距离孩子才能走向你。

一定要让孩子明白，要能够勇敢面对学习和成长的过程中该有的挫折，他是父母生命中最重要的人，同时希望他们能理解父母的良苦用心。在孩子奋斗的过程中，作为家长，可以陪伴着他们一起成长，但不能掌控孩子的人生，掌控孩子的人生并不会让孩子更加优秀，要学会放手，相信孩子，对孩子有更多的信心，在每一次困难来临的时候，站在孩子的身后，给予应有的支持。

就事论事，就当下的事情进行讨论

“就事论事”是每一个家长对孩子发自内心的尊重。每件事情每个人都有不同的观点，不论是家长还是孩子，都需要去表达自己的观点。“就事论事”是一种放下了家长与孩子之间的不对等关系的方式。针对每件事情，每个孩子都可以真实地表达出自己的观点。

并不是家长和孩子碰到问题时都能控制住自己的情绪，这种控制情绪的能力不是天生的，或者我们可以换另外一种说法，“讲道理”是一个漫长沉淀的过程，总要了解什么是道理。如果真能在生活中和孩子做到“就事论事”，那么很多问题就都可迎刃而解了，孩子也会发自内心地尊重你，而不是迫于家长的权威。

一位妈妈找到老师，说孩子学东西总是半途而废，所有的特长班总是去了几天后就不想去了，特别任性。最近孩子说想要学游泳，就给他报了游泳课，之前已经和孩子强调过了，孩子自己也说肯定会坚持下去。结果孩子没上几节课，就又不愿去了。这位妈妈没有问原因，就只是觉得孩子特别任性，所以这位妈妈一直不停地强调不能任性，要学会坚持，可依旧没有什么效果。道理讲了许多遍，孩子就是一句话：不喜欢，不想去。

这位妈妈只好求助于老师。老师问：“你知不知道，当孩子说她不想去游泳的时候，他到底有什么想法？”“哦？”妈妈一愣。这位妈妈一直没有问过孩子原因，所以有些疑惑：“还会有什么别的原因吗？”老师继续问：“孩子说她不想游泳，是不喜欢游泳本身，还是在学习的过程中发生了什么事情，是不是不喜欢和她一起的小伙伴，还是教他学游泳的老师？还是其他的原因，你能和我说一下具体的原因吗？”这位家长更茫然了：“我不太清楚。”“所以，对于你来说，游泳这件事比你的女儿在想什么更加重要。”

“你只想看到孩子坚持游泳的结果，所以不注重过程，而她经历了什么？她有着什么样的想法？而你只沉浸在‘不能任性要坚持’的想法里无法自拔。”这位老师告诉这位妈妈，要去寻找孩子不愿意学习游泳的真正的原因，是遇到了什么困难还是在学习游泳的过程中发生了什么事情，这位妈妈照做了。

这位妈妈后来才发现，是孩子到了一个学习的瓶颈期，怎么学都没有进步，又不想让妈妈失望，就只好不学了，你看我不是学不好，只是不想学。妈妈就认识到，孩子之前的特长班，可能都是因为这个原因——一开始有十分的兴趣，因为学有所成，到后来，有八分的兴趣，但只有四分的回报，孩子卡在这里，所以才主动放弃。这位妈妈这才恍然大悟。当她了解到孩子的感受和想放弃的真正原因时，她就开始不停地去鼓励孩子，告诉孩子不需要做得太多，只需要每天完成固定的目标就好，后来孩子就慢慢地坚持了下来。

“就事论事”就是认真地倾听，倾听与听是有一定的差别的，倾听除了能让你更好地接收到孩子发出的信息，更重要的是可以展现你的态度，从而让孩子觉得自己受到了尊重，变得更愿意去与你沟通。而对于家长来说，收到了更多的信息，就意味着彼此更加了解，在面对孩子时不再手足无措，能够设身处地地为孩子着想，去理解他们的想法和情绪，同时让孩子不至于陷入自我否定中。这是双方的互相尊重，是通过一件件事情培养出的默契。家长想要达成这个目标，就要认真倾听孩子的想法。

在地铁里，一个 5 岁左右的小男孩背了一个小书包，手里还握着一杯海带汤。孩子在地铁里没站住，汤洒了一点儿出来。小孩子的妈妈变了脸色，大声训斥孩子说："我是不是总跟你强调小心点儿！你真是笨死了！"孩子被吓坏了，不知所措地站在那里看着他的妈妈。

他的妈妈之所以发怒，肯定不是因为心疼汤，而是在某一个瞬间这位家长的情绪失控了。如果他的妈妈控制住了自己的情绪，和孩子一起来讨论，孩子他也许可以把注意力再提高一些，就可以避免这件事情了，而她的孩子也许更能接受这件事情，也能避免这种情况的再次发生了。

在每个孩子出生的时候，他们是完全信任这个世界的。他们真诚地表达自己的需要，饿了就要吃，渴了就要喝，不舒服的时候就哭。他们的心完全向这个世界敞开着，他们并没有什么别的情绪，不知道什么是自卑，不知道什么是忍辱负重。但是，当抚养者不断地去评判孩子时，自我攻击模式就被启动了。而大多数的家长都是站在自己的角度，没有给孩子辩解的机会。父母此时应该做的是，根据当前发生的这件事情，分析孩子处理这件事情时的对与错，有什么地方值得孩子去学习，有哪些地方需要改进。

身边的家长，不要动不动就这样赞美孩子："你好棒啊""你真厉害""你的字真好看"。赞美重在有耐心、有技巧。这种为了称赞而称赞的行为在家长中常见，站在孩子的角度上看，这就是家长不走心的表现。家长可以就事论事地评价，这是最基本的原则。方法就是先提及孩子的行为再具体称赞，比如“孩子你能把球扔出去，真棒！”赞美时对事不对人，同样批评时也应该这样。应赞美孩子通过学习或者遇到一件事情时而获得的好品质，比如“有礼貌”“很努力”，而不是赞美天生的优点，比如“很可爱”“真帅气”等，想培养孩子哪方面的品质，就可以多赞美他那一部分。

我们可以通过在日常生活中所遇到的每一件事情去和孩子一同商讨，去积累更多的“我是好样的”的这种体验。其实每一个人被别人夸赞的时候都很开心，对于一般的小孩子来说，维护那些“我是好样的”的感觉至关重要。

与大人“争辩”，也没什么不可以

教育的目的就是让孩子能够形成自己独立的人格，能弄清是非曲直，能坚持自己认为对的事情。孩子能与大人争辩，就代表他非常清楚自己的目的，久而久之他会养成实事求是、以理服人等诸多的优秀品质。而争辩更能用事实证明孩子与父母孰是孰非，家长与孩子之间的关系也会更加密切。

适当地争辩可以让孩子更自信，会争辩的孩子勇于表达自己的观点和感受，而非人云亦云。会争辩的孩子可以在争辩中感受到自己的想法被重视、被关注，会变得自信、开朗。会争辩的孩子可以集体力、脑力和口才于一身，清晰地表达出自己的观点。心理学家认为，争辩能帮助孩子变得自信和独立。争辩的胜利，会锻炼他们的意志，能让孩子有成就感。

一位牧师正在准备讲道的稿子，可是他的小儿子一直缠着他。于是，牧师把一本杂志上的世界地图撕碎了，和他的孩子说道："约翰，如果你能拼好这张地图，我就给你2角5分钱。"牧师以为他可以安静一阵了，但他没想到的是，10分钟不到，他的儿子就敲开了他的房门，手中拿着完整的地图，牧师稿子的问题还没有解决，还在思考用什么方法可以打发掉儿子，孩子却要求和父亲一起玩儿，牧师有些为难，儿子说："父亲我认为你这样做是错误的，你是在欺骗孩子。"

牧师说："我没有欺骗你，我只是没有时间。"儿子接着父亲的话说道："可是您刚才并没有说到这个问题，你应该遵守你的承诺。"牧师知道自己确实做错了，他问道："孩子，你为什么这么快就拼好了地图？"他儿子回答道"我看到地图的另一面是一个人的照片，我想如果我将这个人拼对了，那么，这个世界地图也就拼对了。然后就尝试了一下，很快我就将这个人的照片拼好了。人对了，世界就对了。"牧师笑了笑，好像忽然想到了什么，对儿子说："人对了，世界就对了！谢谢你！帮我找到了明天的课题。"

其实孩子可以通过争辩学到争论、辩论的逻辑技巧，这对他以后生活和学习思维的发展都是有利的。孩子能学会如何处理父母和自己之间的分歧和冲突，孩子在争辩的过程中还可以学会怎样对待这些不和谐，学着如何跟父母交流，如何把自己的想法传递给父母，这是一个非常重要的过程，不管是对父母还是对孩子。孩子学会去观察、分析了，然后就会运用合适的表达方式去表达自己了。

一位妈妈抱怨，女儿越来越会争辩了，基本上说话的句式都是：

“如果我怎么样，她就怎么怎么样。”比如，某天她不让女儿吃冰激凌，女儿竟说：“如果你不让我吃零食，我周末就不去练琴。”这类的事情出现得越来越频繁：女儿要看电视，她便说：“你不让我看电视，我就不让你工作。”如果女儿要买一条粉色的裙子，她便说：“如果你不给买裙子，我就不去上学了。”女儿要挟的东西越来越多。有人安慰说：“孩子还小，不过分就可以了。”

另外一位妈妈这样说：“孩子讲条件的这个毛病一定要趁早干预，不然后果不堪设想。”有些小孩子纯粹是“小霸王”做派，比如，即使和长辈一起吃饭，这个小朋友也要先动筷子，不然谁都不能吃。一段时间之后变本加厉。

这位妈妈请教了一位老师，回家后，就和自己的长辈沟通过之后，就决定不再答应孩子不吃饭、不上学这种无理的要求了，家里所有的长辈都要做到，现在孩子要做什么也都会提出正当合理的理由了。

孩子不讲道理，提非常多不合理的要求，比如像刚才的小女孩，就不是争辩，而是依靠家长的纵容无理取闹。这个时候父母就要适度把握了，争辩一定要有内容、有意义，比如日常生活中的交往的礼仪，是不能争辩的，而是一定要让孩子记住的，争辩不意味着可以顶撞和无理取闹，一定要在平等的前提下进行争辩，要分析具体的问题，不是所有的分歧都可以用争辩来解决。

无论是无限退让，还是“暴力矫正”，都算不上是好的办法。我们要思考孩子为什么喜欢谈条件，孩子跟你谈条件，是心智发展的必然阶段，孩子喜欢跟父母提条件，其实并不全是坏事，这是家长可以了解孩子想法的突破口。

在亲子节目《爸爸去哪儿·第五季》中，有一幕令人印象深刻，陈小春在节目中打断儿子Jasper，但Jasper很理智地对陈小春说："What's wrong with you？ Can you stop angry now（你是怎么了？你可以不生气了吗？）"儿子的争辩让陈小春一时间感到很诧异，他表示："我从来没有想到我们之间会有这样的对话。我相信我这辈子都忘不了这段对话"。Jasper能够敢于表达自己，敢于与父亲提"条件"的沟通方式就说明了他有着强大的自我意识，合理地提出自己的需求，并通过语言表达出来，顺利地与父亲沟通。

只有学会如何处理分歧和冲突，能够让家庭成员间感到彼此重视对方，形成和谐的家庭气氛，才是原生家庭应有的气氛。家长要意识到争辩是争论、辩论、讲道理，这在与孩子交流过程中非常必要，同样有助于他们在成长的过程中形成对分歧据理力争的习惯。

在文学家屠格涅夫小的时候，他特别喜欢寓言故事。某一天，有一位大作家到屠格涅夫家做客。为了显露儿子的才能，屠格涅夫的妈妈便对他说："快朗诵一则作家先生写的寓言！"屠格涅夫朗诵得很流利，也很动听。大作家亲切地说："你喜欢我的寓言故事吗？"屠格涅夫认真地回答："喜欢，但是我更喜欢克雷洛夫作家的寓言，我认为他写的寓言比你的更好。"大作家听了从心里佩服这个孩子能够有自己想法。

可是，屠格涅夫的妈妈有些生气，但是没有当场训斥他，她瞪了儿子一眼。等到客人走了之后，屠格涅夫的妈妈就教训了儿子一顿："你怎么能当着大作家的面儿说他的作品不如别人呢？"屠格涅夫却不服气，他大声争辩说："难道叫我说谎吗？这就是事实，克雷洛夫的寓言就是好！我说得没错。”妈妈听了儿子的话笑了。

孩子申述自己的主张，或是表达自己的意愿，这样的情况我们应该明白，我们应该替孩子感到高兴，至少他有了一个明确的是非观念。社会中总是存在太多分歧、冲突还有差异，在争辩的过程中，孩子可以学会怎样才能和平共处，如何处理不同意见，如何与家长交流意见，这是成长过程中非常重要的一步。

和孩子讲话，把握分寸最关键

孩子的成长好比一面多棱镜，在对待孩子的时候多一些理解，多一分宽容，多一分等待，孩子身上自然会散发出璀璨的光芒。所有家长和老师要学会如何沟通配合、掌握分寸、和孩子打交道、找出孩子的闪光点。

当父母看到孩子笨手笨脚的样子时，情急之下就会说“行了，我来吧，这些小事你都做不好，也不知道你能做什么。”有的父母是为了让孩子有意识地看到自身的缺陷，有的父母则可能是无心的话，这样的话孩子一旦听多了，就会变得自卑，让孩子感觉到父母是在嫌弃他，极大地伤害了孩子的自尊心，孩子以后就会害怕做任何事，变得缩手缩脚，对孩子的成长十分不利。

小比尔·盖茨非常喜欢顶撞，他的父母叫他“爱争论的小男孩”。从小学五年级之后，更是经常冲着母亲大吵大闹，与母亲冲突不断，他的父母认为孩子的心理有问题，带他去见了心理医生。心理医生告诉他们说，小比尔是想爆发一场反控制的“独立战争”，建议小比尔的父母改进家庭教育方法，努力地去学会尊重，不要再去刻意地打压、贬低、甚至去挖苦他的奇思怪想，减少对小比尔生活的干涉，充分尊重他的自主性。

后来的比尔·盖茨，大家都知道了。假如当时他的父母不给他自主自由发展的空间，而是依旧按照之前的行为去刺激他、打击他，应该就不会有今天的比尔·盖茨了。

回到我们所熟悉的环境中，家长不尊重孩子，老师不尊重学生的现象时有发生，总是认为小孩子“不记仇”“不懂事”，所以说话不会考虑后果。但其实孩子成长过程中出现的大部分问题，都跟家长和老师缺乏对孩子们的尊重有关。对孩子除了贬低、讽刺、挖苦、否定、打击、呵斥、独断、负面的批评不断以外，还一直没把他们当“人”看，对孩子的教育中，“尊重”严重缺位。在这样的教育环境下，孩子们怎能健康成长，又怎能有个性、有趣味地全面发展呢？因此在很多孩子的成长过程中，悲剧事件时有发生。

有一次，弟弟的同学到家里做客，家里非常吵闹，弟弟和同学追来追去，而妈妈提前警告过，但没有效果，在奔跑的过程中，弟弟把妈妈心爱的花盆打碎了，顿时弟弟和其他的小朋友都安静下来了，都睁眼看着妈妈，妈妈并没有质问，也没有责怪，而是关心地问弟弟有没有被花盆砸到，有没有哪里受伤。哥哥能感觉到弟弟的吃惊，还有其他孩子脸上的羡慕之情，也许他们是联想到了自己做错事时常躲不掉的一顿骂吧。

哥哥问了妈妈这个问题，妈妈回答说：“每个小孩子也都有自尊心，特别是在那么多小朋友面前，所以应该给予弟弟充分的尊重。”

在小朋友都走了之后，弟弟主动承认了错误，从那一天开始，弟弟不管做什么事都会事先询问妈妈的意见，这位家长很好地把握了说话的分寸，没有让弟弟在同学面前感觉没面子，而是在事后进行沟通。

尊重，意味着平等。家长遇事应多跟孩子商量，要讲民主，尤其避免越俎代庖或直接粗暴地干涉，应保障孩子的自由发言权，允许奇谈怪论，要避免居高临下、权威式、命令式地教育，只有让彼此都站在平等的地位上进行对话，才能慢慢习惯去尊重孩子。平等地对待孩子、能够尊重他们的平等的权利与人格，这不仅有益于他们的身心健康，还保护和尊重了孩子的人格和尊严。

家长L平时对孩子的要求非常严格，就像聚餐的时候，别的孩子都可以喝一小杯冰果汁，但如果她对小天说不能喝，小天就不敢喝。其他的妈妈看到，还会夸小天懂事，久而久之小天也不敢拒绝别人了。后来她注意到她儿子小天经常被别的孩子欺负，无论是谁都能够从他手中拿到东西，包括玩具，或者文具，甚至是出于他不自愿的情况下，小天最终还是会把玩具给别人。L认为孩子太懦弱了，非常气愤，为什么孩子这么胆小，明明她和老公为人处世都很“霸气”，为什么孩子没有遗传到这一点。家长L经常抱怨小天，除了这一点，L对自己的教育成果感到很满意。

孩子不得不压抑自己的需求，对外界只敢说“好”“可以”“没关系”。为了满足父母的期望，最后却变得顺从、温暾、隐忍。其实，如果孩子的懂事，仅仅是因为害怕大人的权威，那就变成了顺从。表面上，这样的管教会非常省心，可长此以往，孩子不管是对待自己的父母还是对待外人，都会因为不敢表达自己的意愿而变得懦弱起来。

孩子不是父母的私有财产。他是独立的，既然是独立的，就要有独立的思想，既然是独立的个体，在家庭和学校中他们就都应有独立自主的权利，即使孩子还很小，但他具有和成年人一样的独立人格，他应有一定的权利确定自己的意愿。

有一种效应叫作“阿伦森效应”，社会心理学家阿伦森是这样操作实验的：他将一群人分成四组，第一组的人不管如何，坚决否定他们；第二组不管表现多不好，评价始终是肯定和鼓励；第三组的人如何表现，评价时顺序是先褒后贬；第四组的人不管表现怎样，评价时总是先贬后褒。最后实验的结果，第四组的人对评价表示最为满意；第二组的人对评价表示满意；第一组的人对评价表示不满意；第三组的人对评价表示极不满意。

从上面这个实验中我们可以得出结论，先否定后肯定的语言表达方式最能让对方接受，语言的顺序或者肯定或者否定会影响孩子的心理。因为人们在心理上都是打心底里喜欢那些对自己不断增加奖励或赞扬的人与事。这就是“阿伦森效应”。尊重，意味着包容。孩子的成长之路一定不会一帆风顺，一定会出现许多我们想到的或没想到的问题，一路上会犯很多错误。要学会去包容孩子的错误，跟孩子一道分析犯错的原因和改进的办法，从而解决问题。

给足信任和包容，“问题孩子”也能没问题

老师和家长的态度在很大的程度上会影响孩子未来的走向。一个孩子出现了问题时，无论男孩女孩，无论“好”学生“坏”学生，内

心深处总是希望得到认可和支持的。面对困难的时候，无论孩子是否想要放弃，家长都不应该比他们先言放弃，只有身边的人不放弃，孩子才会保留着希望。如果孩子自己说了放弃，又被家长放弃，那就不会再有可能性。

“问题孩子”的家长有一类特性，那就是对外人都会心存包容和理解，而对自己亲近的人却经常没有耐心，无论是家人，还是小孩子，都做不到足够的理解，将心比心。有句话很恰当“只许州官放火，不许百姓点灯”自己可以在某个瞬间适当地放松，对自己的要求稍稍放松一点儿，却让孩子一直努力；自己也会偶尔存在一些虚荣心，却一次次武断地伤害孩子，总是去怀疑孩子，并且把这个观点传递给孩子；明明知道孩子没有做错什么，却还在某个时间迁怒于孩子。孩子可能就是因为一次次的差别对待才会变成家长眼中的“问题孩子”。

有一部法国电影，名为《放牛班的春天》，这是一部非常经典的教育类型电影，讲述的是池塘底学校里的孩子的故事。虽然还叫作学校，但实际却是“教养院”，因为这里聚集了众多的“问题少年”，他们偷盗、说谎、抽烟、搞恶作剧，这对他们而言都是家常便饭，没有人去关心他们；这里还有一个极其冷血、自私的“铁血”校长。名为学校，你在这里你看不到教育、教化的影子，近乎军事化的管理，那扇在固定时间内有会客安排或者其他活动定时才会开启的封闭的大门，让这里更像是一座监狱而不是学校。

然而一切都因为一名小小的代课老师克莱门·马修的到来而改变了。马修是个其貌不扬、怀有音乐梦想却“失败”的音乐家。他既不高大，又不英俊，他来到这里后给如同罩上一层阴霾的池塘底学校带来了阳光，马修在这样的条件下，因势利导，成立了合唱团，在阴霾面前努力地抗争，他让莫翰奇因内心深处对音乐的爱好被唤起而独自在角落里唱歌；他让一群散漫不羁的孩子被音乐俘虏，不再捣乱和恶作剧；让孩子莫翰奇平生第一次学会了感激和感受了真正的喜悦。

谁也没有想到这个学校未来会出现世界著名的指挥家——莫翰奇，这个“失败的音乐”让莫翰奇一直铭记，这本身就是教育要追求的目标。马修之所以令人震撼是因为平凡，之所以令我们如此感动是因为普通。正因他包容了“问题孩子”，所以收获了意想不到的惊喜。

现今大的教育环境下，更多的是教育积重难返的无奈，其实马修给我们提供了一种思维方式，那就是力所能及的探索可以在无力改变大环境的情况下进行改变。同时感叹音乐的神奇力量，无论多么任性、看起来无可救药的“问题孩子”，其实都有走进他们内心的机会，关键是教育者有没有这种愿望、有没有这种耐心。

马修在改变这群孩子之前并不是一帆风顺的，他第一次与学生相遇便被当作恶作剧的对象，在上讲台的时候滑倒，看见骷髅嘴里叼着烟，直到他的东西被扔得到处都是，教室里恢复了平静是因为“冷血”的校长的出现。然而，马修并没有像校内其他教师一样采取暴力的方式惩罚孩子，而是原谅了他们。在马修知道打伤老麦的真正凶手时，他让小男孩去医务室照顾老麦直到康复为止。他采用了一种更加人性化的方式来惩罚他们，因为马修实在不忍心孩子遭到校长的惩罚。

家长和老师都要用更加宽容的态度教育孩子，教师需要在技术上不断地进行探索和创新，家长则需要博大的胸怀、宽广的爱心、永不放弃的耐心去对待自己的孩子。如果每一个家长都可以像马修一样用他博大的胸怀去包容孩子，包容他们的过错，给他们改正的机会，那么就不会有“问题孩子”了。

另外一部由真实故事改编的日本励志电影《垫底辣妹》，讲的是工藤沙耶加如何在一年内时间的通过自我奋斗从年级倒数第一的小辣妹最终考入名牌大学的故事。父亲一心想把弟弟培养成优秀的棒球手，所以从小就提供最好的一切，所有的关心都给了弟弟，还亲手缝制手套给弟弟以资鼓励。而工藤沙耶加在家却一直不受父亲待见，因此她每天浑噩度日，学习一度下滑到全年级倒数第一。

幸运的是，工藤沙耶加有一个非常有包容心的母亲。温柔勤劳的妈妈经常被学校老师找去说教，她为女儿的未来焦虑万分。而她的做法是绝大部分的家长都不能做到的，她为沙耶加找了一个补习班，在补习班老师的鼓励下开始从头学起，每天放学后才是她学习的时间，因为没有人打击她，当大家听说沙耶加想考东京大学的时候，每个人都嘲笑她不知天高地厚，而母亲则带着她去了东京，看了她梦想中的大学，沙耶加在一次次的失败中，最终成功逆风翻盘。

在这个普通的日本家庭中我们看到了截然不同的教育方式，影片中的父亲提供最好的条件，一直教育弟弟要打好棒球，去上最好的大学；而她的母亲选择接受了强势的父亲，并想要通过自己的努力改变父亲的看法，对于沙耶加报以最大限度的理解和支持。梦想是不能强加的，孩子到底适不适合或者有没有兴趣做这个是不能强求的。不要让孩子活在家长的人生里面，可以用你的经验去提醒他们，这很正常，不过引导不等于完全复制。

苏霍姆林斯基说过："人们心灵中最强有力的、最有智慧的财富就像音乐，像醉人心灵的迷人美丽一样在影响着孩子。这种财富永远拨弄着孩子敏锐的心弦，如对言语、对善良的心愿，对敏于感受爱抚和亲热的情感。谁的童年被爱的阳光照耀着，那他就会互相创造幸福，就会对父母的言语、对他们善良的心意、对他们的劝导和赠言、对他们的温存和警告有着特殊的敏感和接受能力。"家长的包容为孩子提供了一片更加广阔的天地，一切问题都会迎刃而解。

向孩子道歉，也不是什么丢脸的事

在家长的眼中，给孩子道歉就会损害作为家长的威严，所以家长在很多时候没有和孩子道歉的意识，但其实道歉能让家庭生活更和谐，还能让家长以身作则，同时让孩子也学会对自己做错的事情负责，让孩子明白认错并不丢脸，先承认错误更能赢得对方的尊重。

家长如果用一种谦虚平和的心态来对待和孩子间的交流，那么在你潜移默化的言行中，孩子就会获得这些优秀的品质，对于一个学龄前儿童来说，向他道歉，只需要用手势、表情，因为太复杂的表达他也不懂。大道理不用说给他听，他也不会记得。只要用一种简单的方法让孩子明白家长自己也会做错，并且在向他道歉，那么只要他理解这件事本身是错误的，他也就不会再去做了。这就是家长向孩子道歉的好处，既能以身作则，同时又能减少孩子犯错误的概率。

星期天的早上，有位家长要带孩子出去玩儿，平时说出去玩儿孩子都特别兴奋，今天却一点儿反应都没有，家长好奇孩子发生了什么，她刚要问的时候，孩子一下就坐在地上大哭起来了，孩子平时特别好相处，性格开朗很少哭。这位家长顿时变得很紧张，孩子是不是生病了，哪里有没有什么不舒服。家长蹲下来和孩子对视；“怎么了，是哪里不舒服吗?”孩子满脸泪水地说道：“爸爸今天说好了带我去买玩具的，可是他没有做到！”孩子的指控义正词严，家长看着他的眼睛：“爸爸答应你的事情没做到，他应该和你说对不起。你下次有事情能不能好好说清楚呢？爸爸有可能是工作太忙了，他其实很想给你买玩具的，所以我们等爸爸回来让他和你道歉，好不好?”孩子听完这个家长的话，不哭了，也不说玩具的事情了，也不知道他是不是听懂了，孩子听完家长的话懂事地点了点头，似乎原谅了爸爸。

正是因为孩子的年纪非常小，所以他们完全信任家长。如果家长没有兑现许诺给孩子的事情，孩子对其的信任就会慢慢减少。如果家长未能及时兑现许诺的事情，事后应该先要想方法兑现自己的承诺，然后就是要向孩子道歉，应及时给孩子解释为什么没有兑现承诺，那段时间做了什么事情，检讨并做自我批评，让孩子从内心原谅父母，不要蒙混过关，孩子自然就会相信你、尊敬你。相反，如果你失信了，犯错误了碍着面子不去给孩子道歉，那么你和孩子就会越走越远。

周一的晚上，丁丁的爸爸下班后看到自己心爱的花瓶摔在了地上，摔得粉碎。因为丁丁平常非常调皮，经常家里外面到处跑，也经常会弄坏家里家具、玩具，所以，花瓶坏了，丁丁的爸爸想当然地就认为是丁丁调皮的时候打碎的，二话不说就把丁丁教训了一顿，丁丁从幼儿园回来，不知道发生了什么事情，丁丁的爸爸也没有问过他，丁丁委屈地呜呜大哭，爸爸就更加生气了，又教训了丁丁一顿，场面一度混乱，直到丁丁的妈妈回来，看到这一幕："东西确实不是他摔碎的，你这是干什么？"爸爸的理由非常充分："我们家就三个人，不是他摔碎的是谁摔碎的，我早上离开家的时候还好好的。"丁丁妈妈说是她早上急着上班，不小心把花瓶碰到地上了，来不及收拾就走了，不是丁丁的错误。爸爸知道自己冤枉了丁丁，可是他只是鼻子里哼了两声就走了，根本就没有和孩子说声对不起。丁丁也情绪低落地回房间了。

一般家长总是认为自己是对的，总是想当然地给自己就下了定义，即使他做错了，也不会主动地说他自己错了。正是这种疏忽造成了一种不平等的亲子关系，家长只有在做错事的第一时间和孩子道歉，孩子才会在做错事第一时间向家长，或者其他人道歉。家长要记住，以身作则始终是最好的教育方法。

小学一年级的国宝晚上放学回家写完作业之后，等着家长来检查作业，当检查到语文作业的时候，国宝的爸爸认为有个拼音的音调标错了，就要求她必须改正过来，但是国宝却坚持说老师就是这样教的。孩子和家长都非常坚持，争论不下，互不理睬，都在一边生气。吃过饭后家长翻看了字典，又去网上找了找，意识到是自己错了，事实证明国宝标注的拼音和声调都是正确的。国宝的爸爸就直接诚恳地对她说："国宝，对不起，是爸爸错了，你标的是正确的。"国宝的回答是：“不用道歉，我没有生气”国宝的爸爸对国宝说做错了事情就应该道歉，无论是谁，无论对谁。

国宝的家长及时向孩子道歉，国宝并没有因为爸爸的道歉就认为爸爸是个不好的爸爸，反而是微笑着原谅了他，还给了爸爸奖励。也说明了道歉这件事情，并不会损害家长的威严，反而在孩子的眼里你会变得更伟大。不管是大人还是孩子，既然犯了错误就应该一视同仁。做错事了就要道歉，这是天经地义，没有理由做错事不用道歉。

孩子如果害怕你，也会让孩子因为信任产生的安全感越来越少。一些家长不分青红皂白地教训孩子，不去关注事情发展的任何过程和结果，家长的解释是：“我这样是为了你好”“我吃过的盐比你走过的路都多”“你就不要整天乱跑，这么调皮”。家长不道歉的理由很简单，就是那几句话。而且站着说话不腰疼，甚至说，我宁愿他恨我，我也得对他负责。教育的目的，不是让孩子听话，而是让孩子成为独立的人，懂得尊重他人，能够撑得起自己的决定，才能照亮身边的人。

适当幽默，拉近心与心的距离

幽默是沟通中的一种非常有效的办法，它可以让家庭处于比较和谐状态。所有的意见都通过轻松幽默的语言表达出来，既不至于让人尴尬，又能够准确地表达当事人的心境。所以，在家庭生活与家庭教育中，幽默要占有其一席之地。

如果孩子富有幽默感，那么孩子就可以以轻松的心情调节自己的情绪，以乐观的态度面对五彩缤纷、千变万化的世界；如果孩子富有幽默感，孩子们的情绪控制力和心理承受力就有了出口，不会产生烦躁、不安等负面情绪，孩子的自我心理承受力和意志力也将不断提升。如果孩子富有幽默感，能够在对外交往中获得有利位置，对孩子的人生成长有着重要的作用。

在A家，有个约定，无论是大人还是孩子，最后吃完饭是要刷碗的，谁都不能例外。周末中午的时候，A最后吃完饭，所以要收碗筷、擦桌子、扫地。可是A不想做，他先是小声地抱怨着，然后趴在沙发上一动不动。他父亲挨着他坐下来，故意用夸张的表情唱着小猪在哪里，小猪在哪里？A就故意不去看父亲，父亲又故意去挠他痒痒，他就只好从沙发上爬起来去做家务了。等他做完家务，父亲问A是不是对之前的约定有意见，如果有意见是可以提出来的，可以在家庭会议上重新讨论。A说不用。晚上，他又是最后吃完饭的，但一句牢骚都没有发了。

在生活中，家长保持幽默感，对维护和孩子之间的关系非常重要，可以拉近与孩子之间的关系。家长可以用幽默来启发孩子去思考问题，开发孩子的智力。而不少家长喜欢摆家长架子、摆谱儿，一脸的严肃，孩子看到后也会心存畏惧。

周五晚上，爸爸准备帮女儿默写单词，为女儿期末考试查漏补缺。爸爸平时很忙，很少有机会辅导女儿作业。爸爸在辅导过程中非常严格，女儿很多单词都没有写出来，爸爸决定要女儿把单词一个抄写十遍，女儿觉得爸爸太严格了，对此感到非常的委屈，就哭了起来。女儿一哭，爸爸心立马软了下来，但他还是很生气。爸爸想了一会儿，明白生气起不到任何作用，他深吸了一口气，过了一会儿模仿和熊二的声音说：“这位漂亮的小妹妹，让你写了几个词语，你就哭得好伤心，是爸爸太严厉了，但你也要检讨一下自己啊。”女儿听到爸爸滑稽的声音后破涕为笑了，于是便开始认真地写作业了。

起外号也是关系比较亲近的一个表现，同样适用于亲子关系。而起外号也是你提升幽默感的一个方法，如何把一个外号起得形象有趣，又不带任何的恶意，同时又能把你希望表达的那层含义表达出来？通常情况下，这个外号可以是孩子崇拜的人，可以是超级英雄，可以是圣斗士，还可以是蜘蛛侠。

有一个孩子性格属于慢热型，和家人在一起的时候话也不是很多。一次和爸爸妈妈去爬山，在别人都到达山顶的时候，孩子才慢吞吞地走上来，所有人都从山顶看着这个孩子，这个孩子一点儿都不急，慢腾腾地走上了山顶。结果从那一天起，家里的人都叫他“慢大侠”，这几乎成了这个孩子的一个标签，家里的人都喜欢叫他“慢大侠”，他和家里人的关系也好了很多。

当父母接受孩子的独特之处并对这一点加以幽默的时候，父母和孩子的距离就会拉近，孩子们也愿意和父母沟通，接受这种幽默的沟通方式。这就需要我们家长在恰当的时候说出恰当的话，合理发挥自己的幽默感，让亲子关系更加和谐。

有一位家长因为工作繁忙，孩子看电视的时间比较多，4 岁的孩子就痴迷于武侠电视剧，战争连续剧，每天都喊打喊杀的，当家长意识到这种情况后非常担心，就想着改变这种状况。周末的时候，他带着孩子出去，孩子在商店里看中了一支新式玩具步枪，缠着家长要买，站在玩具店门口就不走了，武器玩具家中不是没有，相反玩具早就堆积如山。这位家长灵机一动地说："孩子，前方又没有战事，你准备着些武器弹药都是浪费军费啊。反正现在是和平时期，咱们裁减点儿军费如何？"儿子似乎听懂了，笑了起来。从此，孩子很少要父亲给他买武器玩具了。

如果你在看报纸和新闻的时候，就可以多关注一下孩子方面的消息。有没有和自家孩子特别像的，如果有，便可以借机教育自家孩子了。如果孩子不喜欢洗碗，那就告诉他报纸上的孩子多么爱洗碗，而且洗碗还有许多的好处。先是做家务可以锻炼他的动手能力，会让自己变得更勤快，减轻了父母的负担。如果你的孩子刚好喜欢超级英雄，那就更简单了，在看报纸的时候，和孩子说，超级英雄非常乖，每天都要做好事帮助人，你要是想变成超人就要乖乖地学着做好事。

古希腊哲学家苏格拉底正在家里和学生说话，忽然听到吵闹声，这是脾气暴躁的妻子发出的。紧接着，妻子将一盆子水倒在了他的脑袋上。苏格拉里便笑着说："听到雷声，便知道暴风雨就要来了。"这样他的学生们都不觉得尴尬了。所以在家庭生活中，正是因为有了幽默，家庭氛围就会比较轻松、活泼，相互之间的关系才会更加融洽、和谐，对孩子的健康成长也十分有利。

每天一个拥抱，缩短与孩子的距离

对于父母来说，孩子是自己一生之中最重要的牵绊，而父母对于孩子来说也同样重要。在人的一生当中，孩子和父母之间的关系非常重要，当很多父母为了能够让孩子有一个更好的未来，能够生活得更加舒心，可以说是煞费苦心。那么父母们是否知道，简单的拥抱就可以让两人之间的关系变得无比的亲密呢？

当父母主动张开双臂拥抱孩子时，就会给孩子带来极大的安全感，孩子在父母的臂弯里能够感受到的是父母的体温，和体温带来的安全感，感受到父母作为坚强的后盾的伟大力量。这样孩子也会更有信心，坚信自己什么都能做好。这样的孩子有着强大的内心，遇到挫折时会更勇敢、更坚强，不会因为突如其来的困难而感到孤独和无助。其实，拥抱更多的是一种无形的力量，拥抱孩子不但可以让他们放松身心，还可以让他们感受到父母用肢体传递给他们力量，一种非常直接的力量，就像是你在对他说："孩子你一定可以！"

有一位姓胡的家长最近意识到自己的孩子有些异常，精神状态明显不如之前了。有一天他拉着孩子的手，和孩子肩并肩地坐着，问孩子原因。孩子断断续续地告诉父母，自己在幼儿园里不敢和其他的孩子一起玩儿，因为自己长得比幼儿园的其他小朋友都要瘦小，害怕他们会欺负他。这位姓胡的家长二话没说就把孩子抱在了怀里，轻轻地牵起他的手，告诉他可以尝试着和其他小朋友主动交朋友，可以尝试着去跟幼儿园的小朋友说一句话，可以尝试着去抱一抱你喜欢的小朋友。这位家长用简单的话语来开导孩子，而孩子也是因为一个拥抱和几句安慰的话就好了很多。所以父母的一个拥抱能够让孩子很踏实，能够让孩子更有自信地面对未知的恐惧。

对于一些孩子来说，家长的拥抱可以驱散他们的自卑感，让他们更加自信。他们有的是因为自己先天的性格原因，有的是因为后天的一些生活上的变故，从而特别的自卑，在面对别人时没有自信。而这个时候家长的拥抱对于孩子有着非常大的鼓励作用，会让孩子更有安全感，更容易适应比赛、演讲这类的大场面。对于孩子来说，很多时候父母不在他们身边，他们会非常缺乏安全感，这也是为什么只要拥抱孩子，孩子就会感到非常开心，不再哭闹，这也是缺乏安全感的一种表现。想要给孩子勇气，家长只要简单的一个拥抱就可以了，这样孩子在面对困难的时候就会临危不乱了。

有一名 6 岁的小男孩小东，在父母不知不觉之间，开始喜欢上了毛绒玩具，各式各样的毛绒玩具他都非常喜欢，从狗熊、兔子到洋娃娃……无论到哪里，手里总是要抱一个毛绒玩具，无论是在做什么，吃饭抱着，睡觉抱着，就连走路都抱着。这种对毛绒玩具超乎寻常的热情，让小东的父母觉得非常奇怪。

按理来说，小东一个 6 岁的小男孩没有理由对毛绒玩具有这么高的热情。眼见孩子对毛绒玩具愈发痴迷，只要不抱着玩具他就开始大哭大闹，情绪也没有办法稳定下来，小东的父母开始着急了，带着小东去咨询儿童心理专家。专家了解了孩子的症状之后，只问了家长一个问题：“你们平常拥抱孩子吗？”小东的父母面面相觑，不知道拥抱孩子与孩子的“病”有什么联系。

他们摇摇头，最近一次拥抱着小东也是很久之前了。专家说：“这个就是孩子喜欢毛绒玩具的原因，因为你们不习惯去拥抱孩子，孩子变得特别渴望拥抱，由于缺失这方面的关爱，小东便通过拥抱毛绒玩具的途径来获得满足自己的心理需求，他渴望被拥抱的心理从一天到晚抱着毛绒玩具就能反映出来。”小东的父母听了后恍然大悟。

心理学上有一个名词，叫皮肤饥饿，是指那些小时候极少得到拥抱的孩子，在长大之后极容易形成的一种潜在、深刻的，对被爱、被关心、被抚慰的渴望。当这种感觉太强烈的时候，就会导致一种病态的情感需求；相反一个人从小能够充分地享受到皮肤接触，则对他获得爱的满足以及培养日后的情绪平衡能力、自信心和关爱别人的能力就会强大得多。

陈女士的孩子要参加一次钢琴大赛，因为之前没有参加过这么大型的比赛，所以在赛前孩子不停地走来走去，紧张地满手都是汗，陈女士就给了孩子一个大大的拥抱，和孩子说不要紧张，妈妈会一直在这里，在台下看着你，相信你一定会成功的。经过反复几次的拥抱和鼓励，10 分钟后，孩子的情绪就慢慢地稳定了下来，孩子因为有了陈女士的鼓励，在那场比赛中超常发挥，拿了一个对孩子来说非常好的名次。孩子非常开心，陈女士也非常高兴。

拥抱可以给孩子带来安全感，如果他们在成长的过程中缺少陪伴，晚上一个人睡觉，孤单、害怕、恐惧的心理更是会经常出现，特别是一些独生子女；如果家长在孩子晚上睡觉前能给予他们一个拥抱，就能让他们减少恐惧，增强他们独立自主的信心和安全感，孩子生气哭闹时，给孩子一个拥抱也能让孩子停止哭泣。

拥抱既是一种运动，也是一种增进感情的方式，每一个拥抱的意义都是不同的，你开心的时候，你难过的时候，你无助的时候，你非常累的时候，你获得拥抱后的感受都是不同的。所以对待孩子，家长们请不要吝啬一个简单的拥抱，在孩子成长的过程中，拥抱是一种良好的亲子沟通方式，适当地拥抱对孩子的健康发展是非常有益的，因为拥抱能告诉他们，不管什么时候，不管你犯了多大的错误，父母对你的爱都不会改变。

睡前聊聊天，和孩子讲讲家事和心事

对于大部分忙碌的父母来说，他们陪伴孩子基本都只能利用晚上的时间了。因为当孩子上幼儿园以后，多数家长都会选择重回职场，这也导致家长们能够陪伴孩子的时间越来越少。但好在大多数父母都知道，孩子的成长少不了父母的陪伴，因此他们懂得利用晚上时间来陪伴孩子，很多时候，聊天只是一种发泄。这一天你和孩子都经历了什么事情，开心的又或者不开心的，孩子和家长沟通得越好，就代表彼此的关系越和谐，因此不要小看睡前的聊天时间。

睡前聊天的时候，家长们可以问问孩子，今天有没有不开心的事情？当然孩子们也会有自己的心思，他们也懂得掩藏自己的心事，如果没有什么值得开心的事情，家长们就可以尝试着和孩子做一个细节上的提问。因为如果父母没有主动地问他们，小孩子又不会主动地诉说，他可能会觉得家长有别的工作，没有时间解决他的问题。因此家长不用刻意地寻求一个结果，只需不带目的地去交流，不经意之间，就能增强与孩子之间的关系。孩子和家长在聊天过程中也许就能发现生活美好的闪光之处了。

有一位家长的女儿刚刚入学，家长想了解她在学校的情况。在女儿要睡觉的时候，她躺在孩子身边，问道：“你们班上有没有特别调皮的小孩子。”她女儿回答她说：“某某某。”于是她又接着问孩子：“那他怎么惹老师生气了？能够给我讲讲吗？”女儿说是因为上课说话还有不遵守学校纪律。“那老师是怎么惩罚他的呢？”女儿说就是罚站，这位家长露出惊讶的表情，问道：“那是不是要站很久？”女儿点头，她迂回到女儿自己身上：“那你有没有被罚站过？”女儿听到这话低下了头，答案是肯定的。“那你是被哪个老师罚站的？”她说是一个体育老师，于是他又问：“你是因为什么被罚站的？”女儿说也是因为上课说话。家长没有因为罚站而生气，而是引导女儿去表达，然后再去讲这件事情是好还是不好。

其实很多家长不太会跟小孩聊天，总是说不知道现在的小孩脑袋里都想的是什么，和孩子没有共同的话题。其实家长可以尝试着从更细致、更加贴近他生活轨迹的方面去提问，不问孩子你今天在学校做了什么，在学校有什么不开心的事；不问在学校有没有乖、有没有受伤。而是问他在学校学了什么游戏，可不可以和家长一起做。不要从大的地方，而是要从细枝末节的地方着手。

家长跟孩子聊天，经常话题说一半就无话可说了，家长会因为了解得多，常常喜欢否定孩子的感受。有一次，当孩子在抱怨自然课没意思的时候，家长看着女儿非常认真地说道，为什么会就觉得上自然课无聊呢，我会觉得这门功课非常有意思……这样可能这个天就聊不下去了。

反过来家长可以说自然课无聊的话，是上课的哪一部分无聊呢，你可以告诉我吗？这个时候他的孩子说自然课和他想象得不一样，本来以为自然课可以做实验、看酒精灯之类的，结果都是坐在教室里上课。尽量保持中立的态度和孩子去沟通，然后才能知道孩子更多的想法。

不要把质问当作聊天，不要在询问之后去训斥他，总是以问句开始，以斥责的方式结束的话，带给孩子和家长双方的都不是一种愉快的经历。在孩子临睡之前，让孩子来讲讲他们在学校开心的事情，他们也会带着非常好的心情来入睡。还有一部分家长，把聊天当作一个简单的对话，没有任何的铺垫或者关心，他跟孩子之间的对话永远都是功课写完了没、琴练了没、今天考试怎么样，久而久之你会发现，他在你面前几乎成了“哑巴”，你对他也会越来越陌生。

有一个性格相对内敛的孩子，很少去竞争，和他的同学也没有过多的接触，和一般的男孩子不太一样，家长害怕这种性格会使他变得不合群。他每次一放学，家长就会追问他今天和同学们相处得怎么样，有没有和同学一起玩儿，在哪里玩儿的，问题一个接着一个，孩子就会看着家长的脸，纠结要不要说，最终还是一句没说。这种情况出现得多了，于是那个家长调整了自己的心态，尽量不在孩子放学回来时就直接质问他，而是选择在吃饭的时候去观察他，然后在睡觉之前和他聊天，讲一讲自己今天在工作中遇到了什么事情，在上班的途中发现了一家很不错的店，大大小小事无巨细，孩子从刚开始只是听着，到后来会发表自己的看法，然后主动去诉说自己的想法。最终家长得知，孩子最近交了几个能够开玩笑、能一起吃饭、打球的好朋友。

对孩子来说，能说出心中的想法是一种快乐，家长要给孩子提供这样一个出口，而这个出口也是你了解他的入口，很多孩子是渴望聊天的，却经常找不到一个可以聊天的大人。如果每天在睡觉之前有固定的交流时间，再加上适当的肢体语言，就会让孩子觉得你重视他、想要和他做朋友，你会认真地去了解他的世界。

有一个孩子和他的妈妈抱怨：“功课特别多，又特别难，我想我是做不好的。”妈妈听完后，希望孩子不要带着那么大的压力去学习，于是他和孩子说：“考不好没有关系，成绩不是最重要的。”儿子生气地说家长不了解他，这让他也很难过，结果这次聊天不欢而散。事实上，在那个时候孩子需要的不是“否定”他的心情的对话，而是“了解”他心情的对话。当妈妈这句话说出来的时候，孩子倾诉的欲望就没有了，也就失去了沟通的机会。

家长在跟孩子聊天时，孩子如果说出一些让你意外或者反感的事情，要假装毫不在意，应该“不动声色，声调平常”，这是很重要的一点。要先像朋友一样去倾听，让孩子畅所欲言、无所不言，在没有明白整件事情的前因后果时不要跟孩子“说教”或“讲道理”，尤其是在睡前进行聊天的时候，是为了孩子和家长之间的交流更顺畅，睡觉之前的说教，会影响孩子的睡眠质量和他第二天的学习和生活。

GOOD PARENTS DON'T YELL

第四章

接纳孩子，接纳不完美的自己

没有人是完美的，父母要做到的是先接纳不完美的自己，同时也不必苛求孩子完美，不必让孩子背负着自己曾经未实现的理想，这样才能与孩子建立起亲密的亲子关系，让孩子做他自己，成为更好的自己。

接纳孩子，允许孩子的不完美

我们要接纳孩子的原因是，作为家长的我们也不完美，所以，我们要允许孩子的不完美。成长的本身就是通过不断尝试而让自己成为一个严于律己，宽以待人的人。可是快节奏的城市生活总让我们想发牢骚，并且烦躁不安。但每次想对孩子发脾气之前，都应先想想我们也是不完美的。

当家长能够和孩子用心地沟通时，就会获得很好的教育效果。孩子在成长过程中会出现很多意料之外的状况。家长要学着全心地接纳孩子，承认他的不完美，接纳他的不完美。在漫长的陪伴过程中，也许完美不是唯一的目的。也许还会有更多的状况出现，家长要和孩子一起找出问题、解决问题，然后共同进步成长。

某个孩子在去年高考中取得了本市理科总分第三名的好成绩。这个孩子从小到大都是非常优秀的：成绩好、性格大方、孝敬父母、谦虚有礼。但这样一个孩子在家长眼中仍旧不完美。这个家长说，这个孩子有不少的缺点，最大的问题就是他的协调性，他小时候没有学爬直接学的走，没有爬行经历的孩子，脑部与各项身体发展都会受到影响，所以他的手脚才会这么不灵活，所以再优秀的孩子，也会有令爸妈不满意的地方，也会有不会或者不太擅长的事情。

有一对夫妇，都是高知人群，一个本科，一个硕士，都毕业于985 院校。他们生了一个女儿，女儿在学习上问题非常多，给她讲题的时候非常困难。等她上了小学三年级，第一次参加英语考试，竟然是全班的倒数第一。家长越来越焦虑，情绪起伏也越来越大。简单的数学题讲了几遍女儿还是没听懂，家长就开始批评女儿，可家长越是批评，孩子就越学不会，家长按捺不住了，开始对孩子咆哮。一直到孩子开始哭泣，家长又开始后悔。这件事情就走向了恶性循环。那段时间，整个家里的气氛都非常糟糕。时间长了，家长知道孩子可能在学习方面没有天赋，甚至还问题多多。

孩子的父亲说可以换一种办法，暴躁的情绪对大家来说没有任何帮助，所以这位家长开始控制自己的情绪，开始学着耐心，学着接纳孩子，接纳她不太完美甚至有些笨的孩子。从心里接纳了孩子后，家长焦虑的情绪缓解了很多，孩子也在一点点地变好，孩子的协调性差，不会跳绳，每个周末家长就陪她到小广场慢慢练习；英语考得差，就每天早上在家读上半小时英语，晚上睡觉前再听上一刻钟，平时不定时地进行提问。坚持了两年，到了四年级，女儿学会了跳绳；每天坚持学习英语，女儿的英语成绩从倒数第一到了正数第一。

当父母第一次迎来新生命时，都希望孩子可以健康、平安快乐地长大。但看着他一点点地长大，同周围的小朋友一比较，家长心中的想法就多了起来。从某一刻开始，就把孩子当作自己意愿的执行者，让他背负了当年自己没有实现的期望。从某一刻开始，想让他变成“别人家的孩子”，不是他原本拥有的样子。我们总是让孩子以超越别人为目标，却看不到孩子的进步。既然家长自己不是完美的父母，同样地，我们就别去苛求孩子完美。孩子成长的过程，就是在不断地改变自己，让自己能够趋近于完美。学会接纳不完美，我们就能距离完美近一步。世上没有完美的人，每个人都独一无二，不完美也无可取代。

有一个孩子，他是班级里的班长，需要给班级领操。为了让他的表现更好，家长决定陪他一起练习，刚开始时表现还好，可是没过多久，他就该抬手的时候不抬了，该踢腿的时候不踢了。孩子就明确地表示不想练习了，最后干脆往沙发上一躺，然后就不起来了。家长突然感觉自己非常失败。家长看到他“烂泥扶不上墙”的样子，就直接训斥了孩子，孩子觉得自己非常委屈，低下头就哭了。家长大吼并威胁他，练不好就不准看动画片，不准出去玩儿，不准吃零食。他站起来了，但是情绪非常的糟糕，这让家长特别难过。

家长深呼吸之后，呆呆地坐在沙发上，孩子似乎被吓到了，开始慢慢跟着画面练习。看着孩子的样子，这位家长认真地反省了自己。半晌，她走过去抱住了努力练习的孩子，跟孩子道歉，孩子原谅了家长，和家长说是因为练不会才不想练的。经过家长鼓励了一番之后，两人再次用心练习，虽然最后孩子领操时动作还是有错误的，但是做得非常认真。

整件事里，孩子只是表达出了自己最真实的感受，但是作为家长既没有关心也没有去重视，只是按照自己的想法来主导孩子，为了达到目的，引起了孩子情绪上的抵触。当孩子的不满情绪无法隐藏时，就利用权威来进行压制，又导致了孩子情绪上的极度不满。

网上有这样的一个视频：一位记者分别采访了父母和他们的孩子。当记者问父母：“如果给您的孩子打分，您会打多少分呢？”爸爸妈妈们一个个儿开始细数起孩子的不足之处，少的60分，多的90分，总之家长对于孩子大都非常不满意，并且希望孩子能够变得趋近于完美。当同样的问题问到孩子的时候，孩子却都给家长打了满分。在家长眼中，完美的都是别人家的孩子；在孩子的眼中，自己的父母都是最好、最棒的。但这世上真的没有完美的孩子，也没有能够做到完美的人。

家长最初为人父母的时候，一直感慨生命的独一无二，觉得自己的孩子就应该是最聪明的。但当孩子不断长大，父母在这个过程中反而觉得孩子不再特别，甚至永远比不上“别人家的孩子”，觉得和别人家的孩子一比较，感觉自己家的孩子不争气，让你感觉到了没面子，开始嫌弃自己的孩子，忘了最开始为人父母时的“希望孩子平安健康”的心愿，更加忘记了父母也只是平凡父母的事实。

慢慢来，给孩子成长的时间

“天生我材必有用，千金散尽还复来”。每个孩子都拥有自己独特的个性，不要用一个标准来衡量所有的孩子，更不要过早地促使孩子成人化。罗马不是一天建成的，它要一砖一瓦地慢慢来，在这个过程中它可能出现误差，同样孩子的成长过程也是如此。所以请允许孩子犯错，只有经历了挫折磨难，孩子才能真正地长大。

人生是一个漫长的过程，如果是跑步的话应该属于马拉松，所以无所谓“输不输在起跑线上”，这种说法从实际角度来说没有任何价值，因为每个人的家庭环境从一出生就注定了，就算有起跑线，也不是可以左右输赢的。成长首先它是一个过程，所以不要急于求成，人生很长很长，慢慢来，世界很大很大，不要着急，让你的孩子慢慢地成长。一个孩子有足够的空间和时间成长为一个独特的人，也许在某一天，在你看不到的地方，有一棵枝繁叶茂、无畏风雨的大树已经成长起来了。

有这样一个妈妈，她用极大的耐心等待着孩子一点点成长。孩子上幼儿园的时候，被老师说有多动症，全班30个小朋友只有他表现最不好。儿子问她的时候，她笑着说老师表扬你了，说你比以前认真听课的时间要长了，别的小朋友的妈妈也非常喜欢你。那天晚上孩子乖乖地吃完了两碗饭。她的孩子上小学了，家长会上，老师因为孩子的数学成绩非常差而觉得孩子的智力是有问题的。等回家后妈妈告诉孩子，老师说你是个很聪明的孩子，再努努力，下次考试一定能超过你的同桌。她儿子的眼睛里似乎有了光彩，做事情果然比之前认真了许多。

等孩子上初中的时候，她再次参加家长会，他的儿子又被点名了，这次是却是因为儿子的优秀。不过等家长会结束的时候，老师和她说以孩子目前的成绩考重点高中有些困难，她回家的一路上都非常高兴，她告诉她的儿子说，老师说只要你再用功一点儿一定能考上重点高中。直到高中毕业她的儿子带回了清华大学的录取通知书，儿子哭了，抱住她说："我知道我不是个聪明的孩子，谢谢您的欣赏。"

在成长中，不要急于求成，也许孩子的潜力比你想象的要大得多，要给彼此成长的空间。不要让孩子错过成长的机会，到了什么年纪就该做什么事情，不用过早地把他带入成年人的世界，体验成年人的规则，孩子就是孩子，该吃手的时候就吃手，该玩儿泥巴的时候就玩儿泥巴，该谈恋爱的时候就谈恋爱。不管是对待什么样的孩子，规则都应该是一样的。

在特殊教育学校，两个视障班由于人数较少，打算出一个合唱节目。开始排练之后，问题就出现了。有一个小朋友仅仅只是站着，不张嘴。即使老师劝说几次也无济于事。老师非常生气地把孩子拉出了教室，孩子一副想哭的样子但就是不肯开口说话。于是老师给了孩子三个选项，要么跟其他小朋友一起唱歌；要么跟着其他同学表演课本剧；要么不表演节目去当观众，最终他答应了跟小朋友一起唱歌，但回到教室又是老样子。吸取上一次的教训，老师给自己做了很长时间的心理工作，告诉自己，不要着急，应该慢慢来。准备等下课后专门找他聊聊。

下课后，老师的心情平静了下来。老师问孩子为什么出尔反尔，不遵守之前的约定，孩子小声回答说不会。老师明白了他不开口、不配合的原因，于是就开始想办法。老师开始单独地教他练习，在练习的过程中也并不算顺利，孩子几次想放弃，老师就用上台的好处“引诱”他。老师就想让他上台锻炼一下，因为他是一个特别腼腆的小孩，刚来的时候一天都说不了几句话，问他的时候就是用一个字两个字地来回应一下，要是没人问他就一句话也不说。所以，老师就想借这次机会让他去上台练练胆子，让他不再这么腼腆。到正式演出的那一天，孩子站在台上大声地唱了起来，甚至比另外两个小朋友唱得还大声。

在家长的眼中，有时候孩子前进的脚步如同蜗牛一样缓慢，我们跟在他们身后，非常的生气，忍耐到了极限的时候，家长就会崩溃。在孩子成长的路上，一直不停地催促着孩子赶路，却忘记了看路上的风景，一心要达到什么目标来实现具体的期望。其实作为家长需要耐心，需要等待，孩子的成长是需要时间的。

在候车厅，一个五六岁的孩子不知道怎么回事突然扔掉了手中的玩具，坐在地上大哭了起来，大家不约而同地都看着这个孩子与他的妈妈，孩子的妈妈却很镇静，她妈妈并没有什么生气的举动。她在孩子的耳边说了几句悄悄话，却没有任何效果，孩子还在大哭大闹。这时，她蹲在地上，静静地看着孩子，就那么安静地看着孩子所有的举动。过了好一会儿，孩子才慢慢地平静了下来。孩子的妈妈拿出一张纸巾，递给孩子，看着他自己擦完脸。她温柔地对孩子说："如果你想跟妈妈谈谈，我随时欢迎，不过现在我们得先去赶车。"然后拉起孩子的手，向检票口走去了。

在孩子漫长的成长过程中，父母的信任与支持很重要。孩子在成长中会遇到各种问题，我们要给孩子解决问题的时间，要从长远的角度来看，如果只纠缠细节，越俎代庖，揠苗助长，那只会让孩子失去了面对未来的动力。在马拉松比赛中，一开始的领跑者未必就是最后的优胜者，说不定半路上会因为力气用尽而退出比赛；只有那些具有良好的身体和心理素质、具有整体战略和具体策略的运动员才能通往胜利的终点。所以孩子可以在漫漫人生路上自我反省，独自慢慢成长。家长也该给予孩子最大的信任，习惯等待。

从孩子的角度，接纳孩子的情绪

小孩子的世界和成年人是一样的，会遇到不同的事情，会产生不同的情绪，有快乐，有悲伤，有兴奋，也有孤独，他们也需要发泄情绪。作为家长要学会通过交换角色来理解孩子，慢慢尝试了解孩子的情绪。

家长在陪伴孩子成长的过程中也在不断地成长，孩子在面对一件事情情绪爆发的时候，对父母也是一次考验，一次成长的机会。孩子在成长交流的过程中，可能会走弯路，家长要尝试去理解孩子，孩子才会接受父母给他的相对正确的建议，长此以往，孩子才愿意和父母沟通交流，用语言把情绪表达出来，不会在遇到事情的时候感到无助惊慌失措，或因受到挫折而一蹶不振，相反他们会合理地寻求其他人的帮助，从而拥有强大的内心。

有一天，小王从学校回家的时候情绪非常低落，他的爸爸在他进门的时候感觉到了他的不开心，就问了一句："你好像不怎么开心，今天发生什么事情了吗？"小王低着头回了一句："没有，和每天一样啊。"说完小王就回房间做作业了。小王的爸爸没有追上去，因为他了解小王的脾气，在他生气的时候一直追问原因，会什么都问不出来。所以小王的爸爸一直等到家人吃完晚饭。

小王的爸爸来到小王的卧室："你从学校回来，我看你非常生气，但是你没有迁怒于别人，非常好，我也有心情非常低落的时候，也会生气。现在我看你还是不开心，就说明你还没有完全地接受这件事情，你可以用说或者写的方式告诉我吗？”小王看了爸爸一眼，迟疑了一会儿：“我和我的朋友绝交了，我再也不想和他交朋友了，我今天在学校上课的时候犯错误了，他就和其他人一起嘲笑我，我们是朋友，他怎么能这么对我！我再也不想和他玩儿了。”等他说完之后，爸爸拍了拍他的肩膀：“说出来心里好一点儿了吗？”小王说：“其实他刚才已经和我道歉了，我就是有点儿难为情。现在说出来了，我的心情好多了。”

当家长面对孩子的负面情绪时，要学会首先了解他为什么会产生这一种情绪，先了解然后再提出自己的想法；因为家长也有负面情绪的时候，所以要正确地接纳它，继而也学会去接受孩子的负面情绪。这才是愿意和孩子一起进步的家长。但是多数父母，第一时间就是要让孩子停下哭泣。其实如果是孩子哭泣让家长感到情绪低落，那有可能是因为有些家长自己在成长的过程中有非常多的负能量，孩子的哭泣让家长想起了之前自己在某个时候的哭泣，这是一种糟糕的回忆，所以家长要让孩子停止哭泣。

一天，某家长送孩子上学的时候，在幼儿园门口遇到了孩子的同学，孩子的同学一边哭闹一边跺脚，最后被他的妈妈扯着手臂要强行送进幼儿园大门，孩子在教室外折腾了很久才去上课。那位家长就开始抱怨：因为今天早晨起来晚了，慌里慌张地在给孩子带东西的时候不小心把孩子放在桌子上的哆啦A梦存钱罐摔碎了。这个存钱罐是出去旅游时候，孩子自己动手做的，所以有着不一样的意义，家长也能够理解孩子的崩溃，于是就向孩子道了歉，而且还答应他买个更好的。但孩子就是一直哭、一直哭，谁劝都没有用，最后实在没有办法了，就动了手，结果家长说什么他都不搭理了，自己哭自己的，哭得更凶了。她感慨现在的孩子一点儿都不能体谅父母，得理不饶人，也不知道他究竟在闹什么。

这个孩子无止境的哭泣是因为喜爱，不是一句干巴巴的道歉就可以解决的，也不是用另外的东西来补偿就可以的。其实这个时候家长需要的是一颗“同理心”，就是如果家长最喜欢的东西被孩子打碎了，是不是道歉就可以解决了，先站在自己的角度，再站在孩子的角度，来看待相同的一件事情；如果父母不接纳孩子的负面情绪，反而在他失去这件事物的时候还要指责他，这才是这个孩子所不能接受的。这件事情反而是家长在无理取闹了。

在一档亲子节目《我的妈妈是超人》中，有这样的一幕，大麟子买来了几只螃蟹，因为想要把它们全部养起来，家里又没有太合适的地方，所以大麟子准备把它们养在浴缸里，但是由于没有太多生活经验，大麟子在加水的过程中加进了热水。后来的结果就是邓莎发现几只螃蟹全部都死掉了，大麟子非常伤心，邓莎就和大麟子说螃蟹宝宝想家了，所以被螃蟹爸爸带回家了，邓莎因为理解孩子的悲伤，所以通过这样一个善意的谎言接受了大麟子的负面情绪。

螃蟹的事情没有让大麟子太难过的原因是因为妈妈邓莎能够理解大麟子，她能够全盘接纳儿子在整个事件中的悲伤或者负面情绪，妈妈是站在大麟子的立场和角度来看待这件事情的。事实上，我们在面对孩子时应先处理他的负面情绪，再处理他的问题。因为当孩子哭泣或者情绪低落的时候，他们对这个问题就已经有了自己的答案。他自己弄坏的机器人玩具，他自己弄丢的喜欢的东西，虽然始作俑者是他自己，但是他还是会难过、会哭泣。

一般家长的处理办法无非就是先训斥他的不小心，再说“不要哭了，可以换一个新的”之类的话。如果家长这时候接纳了孩子悲伤的情绪，可以先安抚他，告诉他可以和家长一起想办法，这个时候他就会接受你提出的建议而不是沉浸在他悲伤的情绪里了。只有全盘接纳孩子的情绪，孩子才会不取悦、不讨好任何人，才可以做最真实的自己。

给予适当引导，没有人能代替他成长

孩子在一个父母健全、气氛和睦的家庭中才能够更加健康地成长，但是孩子最终还是要从家庭中独立出来的，独立地在社会上生存。父母是没有办法陪伴孩子一生的，所以父母既要给孩子充足的爱，又要让孩子尽早地学会独立，给孩子适当地引导，让孩子学会自己成长。在这个过程中，作为家长，要怎么让孩子独立就是一个值得思考的问题了。

引导和放手，我们站在其他的角度去理解的时候，可以当它们是一对矛盾体，这种矛盾具有普遍性和客观性。所有的事情都是有联系的，我们不能孤立地、片面地去看待一件事情，而是要把它放在某一件具体的事件中去联系、去分析它。所以，家长对孩子的放手是一种尊重和信任，相信他可以在面对困难的时候能独自面对。在他独立成长的过程中，这种体验将更加珍贵，这个时候家长的不放手反而成了一种阻碍。

有一位母亲因为20岁的儿子不肯再听话，而且处处和她作对，感到伤透了心。她决定去咨询著名的心理医生，当她说完儿子的情况之后，心理医生开始和母亲沟通："你是不是因为孩子在第一次自己系鞋带的时候没系好而摔了一跤，然后你就不再买需要系带的鞋子了？"这位母亲点头。心理医生又接着问："在孩子第一次自己洗碗的时候被打碎了的碗划破了手后，你就再也没有让他洗过碗？"这位母亲不明白心理医生是什么意思，但还是承认了。心理医生接着提问说："在孩子第一次主动自己整理床铺的时候，整理得不好，你就把他推开，替他整理了，是这样吗？"这位母亲很惊讶，连连地点头。

最后，心理医生肯定地说："你的儿子在大学毕业之后工作也是你给安排的，但是他在单位待得并不好；现在没有办法独立而完美地完成一项任务，和同事之间的关系也不好，然后就是你说的对家人非常冷漠。"这位家长听到这些也觉得自己非常的委屈："医生，你说我明明对他这么好，他从来都没吃过什么苦，为什么会这样啊？"心理医生说："因为你把本应该他自己做的事情都做完了，他不知道应该做一些什么了，而且现在他也什么都不会做了。"

孩子从刚出生的时候就在做一件需要很久才能做好的事，那就是成长，孩子在成长的过程中遇到了麻烦，作为家长，我们需要适当地引导他们，做他最坚实的后盾而不是代替他走完他的前半生。这样的例子数不胜数，送孩子上学时书包在家长的手上；吃饭时家长给盛饭，吃完饭放下筷子就走，不收桌子也不洗碗；出门的时候鞋带都是家长给孩子系的。当孩子们本该自己动手的小事却被家长大包大揽；当孩子和伙伴们在外面尽情玩耍弄脏了衣服后，却因父母不让他再出去玩耍而失去了和小朋友一起玩儿的机会。那些其实都是他接触到新鲜事物，感受这个世界的过程，然而这样一个过程，却被家长人为地打断了。这个孩子就错失了自我发展、感知世界的最佳时期。

在游泳池旁边有这样一对父子，父亲在教儿子学习游泳，小男孩因为没有接触过对他而言有些深的水，所以一直紧张地紧紧抓着游泳圈，要么就是抓住父亲的手。他的父亲没有放弃，只是在他牵着儿子手的时候跟他说："学游泳一定会被泳池的水呛到的，但是不用怕，我会一直在你身边，我可以保证你一定不会出什么意外，这个我是可以向你承诺的，但是如果你还是不肯下水，你的小伙伴出去游泳、玩儿水的时候，你就不能和他们一起了。如果你不想放弃的话，那你就松开手，按照我教你的方法慢慢练习吧。"在父亲的鼓励下，儿子鼓起勇气，慢慢地丢掉了游泳圈，也放开了父亲的手。

请相信孩子们的探索能力和创造能力，只要耐心地等待，他们一定可以克服自己，放开手中的"游泳圈"，不要去限定他们的思维，不要因为一次的懦弱就否认他们的能力。每一次的相信和放手都是为他们能够独立地探索某个事物而铺路，他们今后的每一种兴趣，每一次体验，都不需要家长提供的捷径和全权代办，需要的是家长全心全意地支持和鼓励，孩子收获的是独特的经验和对未来人生的信心。

陈冰在8岁的时候特别羡慕会骑自行车的小伙伴，他自己也想要学，但因为家境不好，家里没钱专门给他买一辆小孩骑的自行车，所以陈冰只能骑一辆对于他来说很大的自行车。对他而言，在学骑车的过程中比较困难的事情是跨上自行车，陈冰因为想学好，所以特别认真，但是平衡能力不太好，所以每次要跨过去的时候车子就翻了，总是摔得一身伤。

陈冰的父亲脾气特别的暴躁，每一次陈冰摔倒，他都会非常生气地骂出："笨蛋""没出息""没有用"之类责备的话语。陈冰摔得越多，他父亲就骂得越凶，最后陈冰连尝试一下都不敢了。直到成年，他也没有学会骑车，虽然后来也曾经尝试过，但是因为之前的心理障碍，最终都以失败告终。

当家长在不断地责骂孩子时，或者不断地提醒孩子做不好这件事，孩子是不会成功的，孩子下意识就会相信父母说的话，后来他没有成功之后，他就对这句话深信不疑了，在这样的情况下，孩子即使是真的有某些过人的天赋，也都消失了；反之，如果你经常地鼓励他、引导他，他也会为此不断地改变自己，直到他们能够达到家长的某些期望。

孩子可能会通过一次次的好奇、探究、尝试、失败、反复、确认，最终迈出他们成长的一步又一步，从而完成由建构自我到生长的一系列过程，需要家长从指导者让位给孩子来实现。

少些功利心，吼叫也会少很多

某些时候，孩子都是在背负着家长的期望前行着，这些期望里一部分是因为父母的功利心在作祟。家长要孩子承担起他之前想做而没有做到的事情，弥补他之前留下的遗憾。但是每个人的生活都会有遗憾，自己的遗憾就要自己去弥补。

家长想要通过孩子来弥补自己遗憾的行为是自私的，也是不切实际的。因为孩子的未来是孩子自己的，孩子如果就是为了家长的遗憾才来到这个世界，为了家长的遗憾而生活着，那孩子的人生到最后也会充满了遗憾，但是当孩子看到家长在为弥补自己的遗憾做出努力的时候，他就会有所触动，他甚至会以你为榜样，和你一起努力。

成绩又好、特长又多，在别人看来，凡凡就是那种“别人家的孩子”。凡凡是小学五年级的学生，就读于北京朝阳区一所学校。因为升入六年级后就要面临小升初的考试，这个学期，除了一直坚持在上的舞蹈、书法、小提琴课之外，凡凡的父母还给他报了奥数、英语和游泳课。每周六门的兴趣课占据了凡凡全部的课余时间。

但是除了小提琴是凡凡自己主动要求学习的以外，其余的都是这两年补的人比较多的课程，这是凡凡的家长强制性让上的，“她现在还小，这些都是对她的未来有帮助的，我做的这些都是为了她好。”凡凡的妈妈认真地说道，“有的家长还会给他的孩子举办个人的绘画展，开钢琴的独奏会，上节目当网红，这些孩子小小年纪就已经获得了非常多的荣誉和掌声，六门的特长班根本就不算什么。凭着这些在小升初考试中就已经能够占据不少的优势了，我们在一开始就已经落后了，当然要更努力了。”

家长总是把所有的希望都寄托在孩子的成长上，认为“别人家的孩子”就是优秀的，称赞别人家的孩子的同时却总是对自己的孩子大呼小叫。家长一是为了孩子的未来，二是如果孩子优秀的话，家长在攀比的时候可以占据优势。这种攀比心理，这份功利心，会让孩子在成长的过程中非常累，家长的要求会越来越苛刻，孩子只要表现得稍微普通点儿，就会被家长责难。这样只有一个结果，就是孩子们情绪低落，家长们情绪暴躁。

大部分家长都有这样的心理，“我可以不拿我家孩子与别人家的孩子比，但我不希望他比别人差太多，至少差不多吧。”其实这还是一种比较，“都是在一起学习，一个老师教的，你怎么就什么都学不会呢？”其实就是家长的功利心在蠢蠢欲动。有功利心的妈妈总是在拿孩子短处和别人家孩子的长处来比，甚至会因此大为恼火而大吼大叫。

公交车上有一对母子，妈妈问儿子：“你今天围棋课怎么样，最后的时候是输了还是赢了？”孩子刚开始的时候还特别高兴地说道：“一共下了十盘，赢了三盘。”这个时候妈妈的语气明显有些不好了：“你说说你怎么总输呢，你还说你喜欢围棋呢，怎么就下成这样呢？怎么就一直没有长进呢！”儿子有些不高兴：“我今天赢了总赢我的同学。”这下妈妈说话的声音更高了：“不就赢了这一次，怎么还好意思说？”

一路上只要孩子反驳，就马上被他妈妈“镇压”下去，他俩下车之前，孩子的妈妈还在说：“你好好练习练习，也学出点儿成绩，让我也好炫耀一下。”

在聊天过程中，孩子一开始赢了围棋的好心情被妈妈打击得所剩无几，孩子想虽然赢得少了一点儿，可是我还是进步了的。可是在这位妈妈，完全忽视掉了这份努力，将孩子贬低得一文不值。不否认每个人都喜欢胜利，都喜欢强大，但是这种强大和胜利如果建立在高压之下，孩子就会失去他本身对这件事该有的热情，因为家长的吼叫，让孩子失去了能把事情做好的信心。

有一位在幼儿园工作的老师讲过这样一个故事，一位妈妈总是在嫌弃自己的儿子，还在和别人说："我们家孩子在家里特别懒，睡觉需要人陪，吃饭需要人喂，偶尔让他帮忙拿个东西，就当作听不见，总之就是懒得不行。结果今天在幼儿园看他的时候，他居然自己拿着餐具在吃饭，睡觉的时候也特别乖，自己脱鞋，自己放外套。"

等到下午上课的时候，这个孩子在课堂上也不捣乱，安安静静地坐着听老师说话，配合老师在课堂上的游戏。所以，不要急着给孩子下定义，一个孩子聪明或者不聪明，优秀又或者不优秀，你下的定义未必具有真实性，因为从主观上，你就没有参考所有的数据，这样的定义未免失之偏颇。

其实我们可以尝试着去调整一下评价标准，不要跟别人比，可以昨天跟今天比，也不要拿自己家孩子的短处和别人家孩子的长处相比。其实还是那句话，"家家有本难念的经"，你在羡慕别人的孩子，别人可能也在羡慕你的孩子。家长在教育孩子方面都是摸着石头过河，有对也有错，家长也要时常进行总结和反思，只要带着欣赏的眼光来看待自己的孩子，就能时刻感受到孩子带给你的惊喜，心情也能非常愉悦，也就能做到不吼不叫了。

每个人在生活中都有不完美、充满遗憾的地方，但所有的遗憾都只能是自己去弥补，不能让孩子去弥补自己的不甘心。家长总是希望孩子出人头地，然而这种功利心只会让你对自己的孩子越来越失望。如果孩子失败了，家长不是吼叫，而是以平静的心情去面对孩子的失败，并且给他鼓励，也许他下一次就会让你满意。少存一些攀比的心思，就不会和孩子发脾气，就能和孩子建立起一个良好的关系。

父母愿意反省，孩子才愿意改变

孩子和父母总是站在彼此的对面，就像一面镜子，孩子的行为会反映出父母的行为，父母的言行会映射在孩子的身上。如果父母不去反思自己，孩子就会跟着重复在父母的人生中有过的失误，如果想要孩子变得更好，变成一个积极、阳光、正能量的人，那父母就要先对生活充满希望。

只有父母对自己的人生负责，才能让孩子对自己的人生负责，如果父母生活得一塌糊涂，习惯逃避而没有任何规划，将就过了这一生，又怎么能指望孩子能够成功呢。教育学习不是孩子一个人的事，他会为自己找一个参照物，才能慢慢地摸索着向前走。“家长是孩子的第一任老师”，这是家庭教育经常说到的一句话，父母在面对事情的时候是什么反应，做出什么选择，那孩子就会做出什么样的选择。

同学A，他父母生他的时候岁数很大，所以对他极为疼爱，对于A同学的要求，父母几乎是有求必应，不管这件事情本身是对的还是错的，A在家就像个“小皇帝”一样说一不二。然而他的同学不可能对他有求必应，所以A和同学总是发生矛盾，好几次都把人打了，他父母也不问原因，就是负责道歉。直到他觉得在学校待着没有什么意思，和父母说了退学想去外面赚钱，他的父母还觉得孩子是有了出息，知道赚钱了，也就同意了。

可是这个A从小肩不能扛手不能提，好吃懒做，吃不了苦，又没有文凭，根本就不能踏实地工作。他认识了一群混混，跟人家抢劫，被警察抓到了，在监狱待了几年出来后，也没有任何的改变，反而去埋怨他的父母，为什么不是有钱人，为什么没有特别大的权力，为什么自己没生在特别好的家庭，这样他就不用工作了。

父母也知道过度的保护和溺爱对孩子没有好处，并不能让孩子做得更好，有的时候还会害了孩子。在孩子小的时候过分地关注，有没有喝水，有没有自己吃饭，孩子饭来张口、衣来伸手；自己非常节俭，对孩子却非常大方；在物质方面尽量满足孩子，手机、山地车、名牌服装应有尽有。这样只会让孩子越来越不讲理，好吃懒做，妄图不劳而获。如果孩子变成了这样，那孩子家长是要负一大部分责任的，好的家庭教育在于真正的关心，而不是物质上的无限满足，这只是爱的本能。爱孩子的父母一定要拿捏好度。

小强的父母都是普通的工人，两个人的薪水刚好足够家庭的支出。但是小强的父母虚荣心特别强，他们总是在外出的时候说自己家里多么富有，吃的有多好，家里面有多少的存款，小强就非常不理解，为什么父母要欺骗别人，说家里非常有钱。他就去问了父母，父母却说他是小孩子，没事不要管这么多。当小强发现父母在外面“吹嘘”之后都非常的开心，他便觉得这是一件值得自豪的事情，然后也开始撒谎。

当看见其他同学有了新玩具，他总是说自己也有什么样的玩具，而且还是限量版；他的同学出去旅游之后回来跟大家分享，他也不甘落后，吹嘘他去过那些非常著名的大城市。大家看他说得天花乱坠，没有怀疑过他，时间长了大家都想和他做朋友。直到邻居家的孩子揭穿了他的谎话，大家都开始讨厌他，没有人愿意和他玩儿，他在班上也没有好朋友了。

小强不知道自己做错了什么，于是跑回家问了他的父母，他的父母听完他说的话后才明白，是他们给小强树立了一个非常坏的榜样。

父母对孩子的责任，不仅是天然的血脉相连而需要将其抚养成人，更多的是在长久相处的过程中需要引导孩子健康长大，包括身体和心理。好的家庭教育除了要言传身教，还要善于和孩子沟通。小强撒谎的行为就完完全全来自他的父母行为，这就是父母的失职，孩子出了问题，家长也是有问题的。家长觉得教育更多的是学校的事情，其实对孩子人生影响最深刻的是其父母，教育不仅是老师的事情，更是父母的事情。

小谷正在上小学，小谷的母亲对他的要求特别严格，要求他每次考试成绩都必须拿到 90 分以上。等到某次开家长会的时候，老师和母亲说了小谷最近的学习有点儿退步，让她多多监督孩子的学习。这让小谷的妈妈迷惑不解，因为小谷这次考试也是 90 多分，跟往常一样。直到后来她把试卷仔仔细细地看了一遍，才发现这张试卷加到一起根本就没有到 90 分。她又气恼又担心，就问了儿子为什么改试卷分数。

小谷一开始非常害怕，就矢口否认，说是老师判错分了，他的妈妈认为小谷满口谎言，恨铁不成钢。几天之后，她就又找了个机会和小谷谈了一谈，小谷知道是自己做得不对，只好就和母亲坦白了："之前的一次考试，我考得不好，你就发了很大的脾气，我怎么和你解释都没有用。我就很害怕，总担心考不好而惹你生气，课上没有办法集中注意力，后来就越考越差，又不敢让你知道，我就只好骗你了。"

在孩子学习的过程中，父母都会无限放大他的缺点和不足。只要孩子有了错误，家长就会不停地埋怨、唠叨、批评、甚至是拳脚相向。所以有时候孩子的谎言不过是为了逃避家长的责难和批评，为了做父母心中的好孩子，孩子就只好用谎言去弥补它。作为父母，孩子是这辈子的牵绊。上学、找工作、谈恋爱、结婚、生子，成为父母，父母会一直担心着自己的孩子，直到自己不在这个世界上。父母多多少少都会影响到孩子，所以父母只有不断地反省和改变，才能让孩子变得更好。

GOOD PARENTS DON'T YELL

第五章

学习能力和好成绩不是吼出来的

有人这样说过："当孩子有情绪的时候，聪明的家长关爱孩子，愚蠢的家长斥责孩子。"成功的教育不是吼出来的。作为家长，看到孩子不足的时候，应该和孩子一起分析问题，从而帮助孩子解决问题。

嗓门儿越大，孩子的成绩“越差”

很多父母对孩子的要求很高，把全部的精力都放在孩子身上，这种精力会让家长对孩子提出越来越多的要求，这会与孩子自己的愿望相矛盾，这种矛盾让家长身心疲惫，让孩子苦不堪言。孩子做出的努力得不到肯定和支持，长此以往，孩子就没有办法形成全面的自我认知，也没有办法建立起应有的自信。

让孩子金榜题名、出人头地，是很多家长的心愿，可有很多东西是与生俱来的。例如，他的身体是否健康，他是否活泼开朗，他的智商怎么样，他是否有着天马行空的创造力和想象力。所以不管是好的还是坏的，缺点或是优点，甚至是那些天生就被折断了翅膀的天使，都请让他们自由地生长，不要把自己的意愿强加在他们身上。

安娜的父母老来得女，希望孩子能够非常优秀，所以女儿一出生就承载了他们全部的期望。他们把大部分精力都放在了女儿身上，他们要将女儿培养成一个优秀的人，能够为这个社会做出极大贡献的人，去做他们没有做到的事情。所以女儿还在襁褓中的时候，他们就给女儿制订了一系列的成长计划。女儿上幼儿园的时候就开始接触计算、读书、写字。等女儿上了小学，就开始去更加细化这种标准，每天都有任务，完不成任务就要接受责难。

在小学初中时期，安娜的表现非常好。升入高中之后，学习的形式和内容都发生了很大改变，这种改变已经不是之前的计划所能适应的了，安娜的父母并没有注意到这种差距，还是按照之前的标准来要求安娜，沟通出现了问题。高二的时候课业压力变得很重，安娜和父母的矛盾也已经到达了临界点，安娜的学习成绩不再名列前茅，甚至一直在后退。她的父母依旧没有意识到是教育方式出了问题，他们试图和安娜沟通，但是双方各执一词，都不肯退让，所以每次都是不欢而散。到了后来，安娜的成绩越来越差，父母的脾气也越来越暴躁。每次考试之后等待安娜的都是批评和嘲讽，父母甚至还限制了她的活动时间，想借此来提高成绩。

安娜对学习越来越没有信心了，她的老师来到她家里和这对夫妇谈了很久，安娜的父母终于知道是哪里出了问题，他们决定改变。周末的时候安娜拿着一张考得非常糟糕的数学卷子回了家，也做好了被批评的准备。他的父母看了卷子之后，和安娜一起找到了错误的原因，鼓励她下一次一定可以做得更好，而且为这一年来的暴跳如雷和安娜道了歉。安娜从那以后又开始和父母交流自己的学习，有时还是会争吵，不过都是因为某一观点，不再有破口大骂，不再有压抑焦虑，一直到安娜考上了名校。

父母的情绪极大地影响着孩子，父母主宰着家里今天是晴天还是阴天，多云还是有雨，而且孩子有的时候并不知道自己做错了什么，莫名其妙就被父母一场“暴风雨”淋湿了全身。这就会让孩子惶惶不可终日，孩子们也不知道除了考试成绩还有什么能让父母高兴。而有些时候课业的学习实在是有些超负荷，父母的批评和吼叫让孩子对家没有什么眷恋和期待，孩子会陷入自责、自我厌弃的情绪当中。父母看到孩子的表现，然后变本加厉，就形成了一种恶性循环。孩子的成绩差，懒散只是其中的一个原因，如果是因为这个原因，那家长就更没有理由给孩子报上满满的补习班了，因为就算是补习班也提不起孩子对学习的兴趣，反而会更加厌恶学习，所以家长要和孩子一起找原因，然后家长予以引导，让孩子对学习感兴趣。不要当孩子成绩差时就开始唠叨，开始乱吼乱叫，而唠叨是大部分家长的通病，恰好也是孩子最讨厌的一点。

一个“80后”妈妈，因为孩子的学习一直非常焦虑。她希望孩子成绩好，能够有出息，所以当看到其他家长给孩子报了许多的课后班、特长班后，她也不甘落后，给孩子报了奥数、作文、英语、钢琴班。只要比较受欢迎的课后班，她就给孩子报了一个遍。

每天这位妈妈都会陪孩子做学校的功课，还有课后班的各种练习题。孩子基本上没有休息的时间，辗转于各个补课班、特长班之间，要么是在上课，要么是在上课的路上。孩子如果抱怨了几句，妈妈就直接吼回去：“有的是比你优秀的人都在努力，你有什么资格悠闲地睡觉，你应该更加努力！”可是孩子的成绩仍然没有什么起色。

父母之所以唠叨甚至吼叫就是因为孩子没有达到他们某方面的要求，害怕孩子一直这么下去，所以每天耳提面命。孩子又觉得这些话说一遍也就够了，多说只是让他更厌恶这件事情。长此以往，孩子会越发的没有自信，总是带着怀疑的态度去看待这个世界，做事犹豫不决，瞻前顾后，唯恐一步错步步错，让别人不高兴，养成讨好型人格，也很容易受到别人的影响，始终怀疑自己有没有这个能力去做好一件事情。总是有家长觉得自己是没有错误，总是说得头头是道：“其实谁愿意每天跟孩子大呼小叫的，都是没有办法的事情，好好说他根本不听啊！一定要发了脾气、动了手他才肯听话。”这种教育方式的后果会在孩子逐渐成长的过程中显现出来，孩子会开始反抗，就好像对待“仇人”一样，变得离经叛道，关注点自然就不在学习上了。

每个孩子都是这世间独立的存在，和家长互相独立，又彼此联系，所以教育就没有统一的方法。孔子在两千多年以前就说要“因材施教”，可见，吼叫的教育方法肯定不是什么好的方法。教育孩子从来不是一件轻松的事情，假如在孩子还小的时候，家长可以打一打、骂一骂。但当他们长大成人后，这种教育方式的弊端就会显现出来了，使得孩子时刻爱和家长“对着干”、越来越叛逆、视父母为“仇人”。每个孩子都是特殊的个体，在教育时我们不应统一模式，要求孩子“你要像 ××× 一样学习，人家那么聪明，跟着做没错”，要因材施教，尊重他们的个性，不要随意给他们限定发展的框架。

考试分数，不能作为评定孩子好坏的依据

孩子在学习的过程中，他们的学习目的是什么呢？学习要达到什么标准才算是达到了目的？成绩不是评价孩子唯一的标准，不是离开了成绩就一无是处。在学校学到的知识是孩子完成梦想的基石，学习只是为了以后的生活更好。而考试只是为了了解孩子知识掌握的程度，不应该将考试成绩作为评判标准。

考试只是反映孩子这段时间的学习情况，用来查漏补缺，这才是最重要的，卷面的分数不应该是家长唯一的关注点。家长应让孩子知道，要通过试卷发现自己的不足，只要努力地坚持下去，总会

获得自己想要的。同样在生活中遇到困难的时候，要有超出普通人的耐心和毅力，能够在面对打击的时候拥有重新站起来的勇气，这样才能立于不败之地。

郝蕾成绩非常优秀，在班级总是名列前茅，最近这段时间，郝蕾总是雷打不动地学习到很晚很晚，每天早上五点钟就起床了，郝蕾的妈妈劝她要注意休息，可是怎么劝都没有用，妈妈为此非常担心。郝蕾的成绩已经非常不错了，可是她立志要成为全年级第一、全市第一，废寝忘食便成了常态，只要不学习，她就非常焦虑。就是因为她一直坚持努力着，所以她顺利地考上了一所重点高中。

等上高一之前的暑假，别的孩子都高高兴兴地出去旅游了，可郝蕾还是在努力地看书，提前预习，她准备利用暑假的时间预习完高一的课程。为了让自己能够取得一个好成绩，她一直不肯放松，她的妈妈觉得她的状态有些不对，想要带孩子去看看心理医生。而父亲却认为爱学习没有什么不好的。但看着孩子的身体一天不如一天，却还是要在一天之中抽出三分之二的时间学习。最终，郝蕾的爸妈带孩子去看了心理医生，心理医生诊断郝蕾是考试“上瘾了”。

如果孩子考好了，父母就会大大地奖励孩子。父母只看重考试而忽视孩子的其他方面，这种单一的奖惩制度导致了孩子对考试的渴望，很容易导致考试上瘾。其实除了学习之外还有很多值得孩子去学习的地方，孩子还可以培养自己的兴趣和爱好。家长不用频繁地给予孩子物质奖励，让孩子反而忽视了这件事情本身带来的成就感。

孩子喜欢看书，他的父亲就培养他在这一方面的爱好，总是带孩子去书店，给孩子买书，陪孩子一起阅读；因为孩子的数学成绩不是很好，并且也没有多大的兴趣，于是他放下“架子”，底气不足地告诉孩子，其实他的数学成绩也不是很好。就在这个过程中，孩子对成绩有了自己的认识，逐渐地不再用成绩来评判自己，觉得成绩的好坏并不是特别重要。因为这位家长认为成绩只是衡量孩子在某一方面的能力，而不是孩子的方方面面，在成长的路上还有更多的事情需要孩子去体验、去做。

对于孩子的考试成绩，家长其实不必过于紧张，只要孩子认真对待就行了，不能用孩子的成绩来否定孩子的努力。这样孩子才能理性地面对考试，那他就对任何事情都能够理性地去看待了。这里的理性是指不抱有任何的侥幸心理，而是努力学习，踏实复习。养成习惯之后，孩子对待每件事情都会抱有认真的态度，他会承认自己不足，能够全面清醒地认识自己。家长也可以培养孩子更广泛的兴趣，让孩子意识到很多事情只要努力就可以做得非常好，并且不但要努力还要努力坚持下去。

小樊喜欢阅读，他有深厚的阅读基础，写出来的文章妙趣横生，情感十分真挚。小樊每一次把文章给父母看时，父母都会跟他交流，指出他的不足，这个时候小樊最开心了，也是他的父母最高兴的时候。小樊的父母经常鼓励他，说他是一个优秀的孩子。他考试的试卷卷面干净而整洁，看他的作业本有一种赏心悦目的感觉。小樊从小就养成了良好的学习习惯，他还非常的自律。

家长要给孩子传递的理念是，只要你全力以赴地面对这次考试，准备这次考试，那么即使考得不好也没关系。家长也不要因为孩子一次没考好就去批评去训斥孩子，只有这样孩子才能够坦诚地面对学习、面对考试。考试只是对之前所学习的内容的做一个小小的总结，孩子通过考试知道哪些内容自己掌握了，哪些内容是自己没有掌握的。在孩子没考好、失意的时候，家长不要去落井下石，而应该以一个更加平和的心态来鼓励孩子，给孩子一个机会，给孩子一个拥抱。不要太在意考试的分数，作为正在成长中的孩子，他应该是在学习知识中主动的那一方，而不是被胁迫的那一方！

榜样的力量是无穷的，如果孩子没有一个正确的态度来面对考试，那家长就应该让孩子看到什么是面对考试应有的态度，如果父母没有一个正确的心态来面对考试这件事情，而是把考试这件事情当作是唯一衡量自己家孩子未来生活的一个标准，就会给孩子带来很大的心理压力。家长可以和孩子心平气和地的沟通，了解孩子的想法，看看孩子是如何看待考试、看待学习的，鼓励孩子和比较优秀的孩子一起玩儿，所谓“近朱者赤，近墨者黑”。孩子在努力了之后就明白了家长想要跟孩子说的时候，应该用一种方法，让孩子面对考试的时候不再是恐惧和厌弃，因为自己已经努力过了。

对孩子的期望值，“适度”是关键

父母对孩子有一定的要求，给孩子施加一定的压力，是激发孩子前进的动力，也可以帮助孩子增强自信心，“井无压力不出水，人无压力难成器”。压力还可以激发出孩子的潜力。

有的家长对孩子抱有非常大的希望，想让孩子出人头地；有的家长希望孩子在成长过程中快乐健康；有的家长希望孩子能够开心快乐地学习。这些家长害怕孩子像自己一样有一个不快乐的童年，担心孩子压力太大，所以对孩子并没有什么要求，就算是有要求也非常低。其实这种做法也是不对的，就像绝对的严格会带来失败一样，过于放纵同样不会得到很好的教育结果。

彤彤是个 4 岁的小姑娘，她没有可以玩耍的朋友，她的妈妈规定了她只能和妈妈觉得好的小朋友玩儿，所以彤彤只能在家和玩具玩儿，周末也不能出去玩儿，她想自己动手洗袜子，妈妈不让；彤彤想自己盛饭，妈妈害怕她拿着碗被烫了；她要自己穿衣服，妈妈也不同意，妈妈包揽了彤彤生活中所有的事情，因为彤彤的妈妈 40 岁才有了彤彤，所以就格外珍惜这个女儿，拿在手里怕摔了，含在嘴里怕化了，紧张得不得了。然而彤彤并没有因为这份爱感到开心，而是觉得自己完全受妈妈的保护，听从妈妈的摆布，就像一个洋娃娃。

孩子的潜力是无限的，有很多数据显示，人的一生中能够被开发的潜能至多是 5%，也就是说我们看到的潜能只是冰山一角，还有更多的潜能需要去开发。压力在这个时候就会激发孩子的潜能，增加他们的自信心，让孩子进行自我锻炼和自我发展。有压力、有鼓励，一张一弛，这种教育环境是要比一味地施压或者是完全地放养结果要好得多。所以在教育中有压力是必要的，家长所要做的就是如何掌握压力的“度”。

2017 年 9 月 1 日，外面下着大雨，赵明同学的妈妈和姐姐在办公室和老师说着话，因为赵明同学不愿意来学校上课。他的妈妈说:“昨天他还答应来上课，今天早上起来，就又反悔了，老师我们会再劝劝他的，他一定会来上学的。”他的姐姐和老师说，赵明的父亲在不久之前得了中风，整个人都瘫痪在床，因为平时父亲非常严厉，整个家里他就听他父亲的话，现在没人管他了，他就肆无忌惮地想做什么就做什么了。说了很久，老师被说动了，答应给赵明同学宽限几天，可以晚几天上学。可看着约定的日期都过了，赵明还是没有来，而一位颤颤巍巍的老人出现在了教室的门口，他说自己是赵明的爷爷，老人一见到老师便开始大哭，说:“全家人劝了赵明很多次，可是他总是前一天答应，后一天就反悔了，他妈妈跪在他的床前都没有用，他妈妈认为没有脸面来找老师了，只好让我代替她来。”

刚开始老师见到赵明的时候，就是他的爷爷带着来的，他说希望老师能够照顾照顾这个孩子，因为他的父母都常年在外地，老人家有可能照顾不周，赵明同学最开始的时候是个很乖巧懂事的孩子，每次都能保质保量地完成作业，在班级作为小组长之一也非常负责任。直到后来，他的爷爷说赵明的父母回来了，赵明就开始经常不来上课了，老师怎么劝都没有用。直到现在，他完全不来上课了。他爷爷最后说:“父母回来之后，他要什么，他妈妈就给什么，谁都不敢多说一句，要不是平时有他的父亲，就真的管不了了，结果就成为今天这个样子了。”

家长给孩子合理的期望，其实就是家长给孩子施加的相对的压力，赵明同学的爷爷，虽然不能在学习上帮助他，但他会给孩子一个目标，就是认真听课，做一个好学生，没有其他物质的奖励，没有过分的妥协，直到赵明的妈妈出于补偿的目的，总是无条件地妥协，让赵明不再受到来自他爷爷之前给的期望的影响，所以他就开始放纵了起来。他父亲又是单纯的武力镇压，导致他更加叛逆，直接造成了现在的局面。

家长要根据孩子的具体情况制定期望，最好这个期望让孩子稍稍努力就能实现，这样孩子就会比较有成就感，能够一点点地去进步。如果期望值过低，会造成的局面就是像赵明同学一样，对自己失去信心，自我放弃，甚至出现更多问题。家长可以给孩子一个短期的小目标，让孩子认真地定一个长远的目标，为了实现这些目标，家长可以督促着孩子不断去努力。同时有一点儿进步的时候，家长可以给予适当的物质奖励，一点点进步，直到成功。

我们要用一个独立的“人”的标准来看待孩子，家长的理念和沟通势必就会建立在相对平等的基础上；同时还要拿孩子当孩子对待，他的人生刚刚开始，有着非常多的可能性，只要家长去关注他、去爱护他，孩子就能给我们带来惊喜。在成长的过程中，孩子多多少少会出现各种问题。让孩子在体验中成长，他才能明白生命的意义。

寻找学习动机，为孩子的学习添把火

孩子对于新生事物都充满了好奇心，都有想去学习一番的冲动。家长总是在说孩子不爱学习，一般都是小学、初中和高中阶段的孩子。很少人会说幼儿园的孩子不喜欢学习，虽然幼儿园的孩子学习任务不重，但是孩子仍然保持着很高的热情，所以那些被家长说不爱学习的孩子可能是因为懒惰又或者是缺少学习动机，所以对学习没有什么兴趣，因此家长要找清楚具体的原因，从原因入手，帮助孩子找到学习的兴趣。

当孩子缺乏学习动机时，会影响孩子的学习积极性，在学习上分配的时间非常少，相反地，对学习之外的事情更加感兴趣，将大量的时间花在与学习无关的事情上；产生对于外界厌弃、冷漠的情绪，对于学习成绩就更加不上心了，找不到合适的学习方法。这时候就需要家长仔细观察，给孩子提供一个合理的动机，让孩子能够拥有一个正确的态度去面对学习，那么孩子就会找到刚开始背着书包来到学校的心情了。

孟母，就是孟子的母亲，是一个对孩子的教育很有方法的母亲。据说孟子小的时候，家里住的地方距离墓地很近，孟子和村里的孩子玩儿的时候，总是学着那些人给死人祭拜之类的事，玩儿办丧事的游戏，孟子的母亲认为孩子在这样的环境下是没有办法好好成长的，于是带着孟子搬了家。孟子的家搬到了集市旁边，他就整天跟着那群孩子，学集市上的人怎么做生意，怎么杀猪，孟子玩儿得不亦乐乎，孟母认为这个环境还是不适合孩子居住，于是又带着孩子搬了家，这一次搬到了一个私塾旁边，孟子开始跟着私塾里的孩子读书、识字，在这里孟子学会了对外的礼节，而且开始学习知识，孟母认为这才是孩子应该生长的环境。等孟子长大后，成了儒学非常出名的代表人物。

这是古代有名的“孟母三迁”的故事，刚开始的时候孟子并不是没有学习的热情，只是没有学习的氛围。说明学习动机之前，环境对孩子有着重要的影响。孟母很认真地在对待孩子，她不限制孟子出去玩儿，只是认为孩子不适合这种游戏，所以她会去搬家，寻找适合孩子生长的环境，最后家在私塾旁的时候，孟子变成了读书知礼的孩子。孩子对模仿非常敏感，对什么产生兴趣就会去模仿什么。家长总是希望孩子能够有优异的成绩，但孩子不是机器，孩子的内心和生活都需要被理解、被尊重。

有一群精力旺盛的孩子在放学之后总是会到一位老人家门口去玩儿，老人家不太喜欢这群吵闹的孩子，在思考了几天之后，想到了一个办法。

在那群孩子又来到他家门口的时候，他把那群孩子叫了过来，告诉他们："你们的声音非常好听，你们这里玩耍，让我觉得自己变年轻了许多，这是我奖励给你们的。"于是每个孩子都收到了老人奖励的一元钱，孩子都非常开心；于是，第二天，孩子们又来了，孩子们玩儿得比往常都开心，后来老人说自己病了，只好少给一些，只给这群孩子每人五角钱，虽然没有之前给得多，但是也可以接受，于是他们拿了钱高高兴兴地走了；到了第三天，孩子们玩儿了很久，老人就给了每个孩子一角钱。孩子们非常生气："我们努力玩儿了一天才一角钱，你知道我们有多辛苦吗？"他们和老人说再也不要为老人玩儿了。老人听着笑了。

动机有很多种，比如内部动机和外部动机，这群孩子一开始是自发地到老人家门前玩儿的，属于内部动机。如果在学习上能够有足够的内部动机，他就不会用别人来催促了，所以就需要找出孩子在学习上真正的兴趣点，把兴趣点放大，鼓励他、支持他，就能够让孩子保持足够的动力了。相反，自从老人开始给孩子钱，鼓励他们玩儿之后，他们的动力变成外部动力，这种动力一旦外部条件变化了，就很容易跟着变化。显然内部的学习动力更为重要，所以让孩子对学习产生兴趣是一件非常重要的事情。

一个孩子上的是重点初中，成绩非常的优秀，在考高中的时候因为一时的失误，进了一所普通的高中，孩子认为这所学校里学习没有什么意义，拒绝学习，从此成绩一落千丈。他妈妈带他来找了心理咨询师，心理咨询师知道完整的事件后，认为这个孩子并不是喜欢学习，而是在乎自己上什么样的学校，而他的妈妈看到他一落千丈的成绩，也马上就放弃了他，于是对他说："你自己随便吧，反正已经没有救了。"所以这个孩子一度陷入了一种自我厌弃中，这个心理咨询师没有指责家长的做法，而是让家长陪着这个孩子去爬山、游泳、读各种类型的书，后来孩子从中体会到了学习的乐趣，慢慢地对学习也感兴趣起来。

如果单纯地把学习的范围圈定在上学、考试身上，认为孩子做其他事情都是在虚度光阴，孩子就会觉得我喜欢的你都不喜欢，那你喜欢的我也不喜欢，孩子自然会反感学习。其实学习的范围很广泛。

有一位家长非常支持他的儿子，他的儿子养过各种不知名的昆虫，拆过刚刚买回来的变形金刚，写过奇奇怪怪的小故事，家长从来不打击他，而是不断地鼓励他，让他保持着对每件事物的热情，包括魔术，如果失败了就再练习。有一次他喜欢上了桌球，可是平时没有时间，所以只能早起去练习，家长也很心疼地劝过这个孩子，但儿子说："我很喜欢，所以我一定要坚持。"所以家长要做到的是让孩子将三分钟热度的事情变成一种热爱，让孩子一直坚持下去，这种热爱就是学习的动机。

所以，作为孩子父母就要关注孩子、相信孩子，这样孩子才会把自己喜欢的东西以兴趣的形式展示给父母看，孩子也能更加了解自己。人生总是起起落落，充满困难的。我们希望不管在顺境中还是在逆境中都能茁壮地成长，保持一个积极良好的心态。

自学是种习惯，培养孩子的适应能力

自学是指我们能主动地掌握某方面的知识。因为孩子从父母和学校学习来的东西都是有限的，所以只有孩子养成自主学习的习惯，他才能更多地去学习对他有用的知识。而知识更新的时间在不断地缩短，自学就是在了解自己的不足之后，自觉主动地通过自身的努力来填补这方面的空白。所以只有不断地学习，才能跟得上时代的脚步。

要想养成自学的习惯，就要独立地做每件事，自己去判断每件事。只有通过一件件事情才能认清自己的能力，才会在自己需要补充外界知识的时候自觉地去补充相应的知识。做到有方向、有目标，而不是所有的事情都由家长来包办。如果孩子不管做什么事情都依靠父母，那这个孩子就很难养成独立的性格，更不会在做某件事的时候去反思自己，这样他就丧失了自学的能力。

雷蕊今年上初三了，已经15岁了，非常乖巧听话，妈妈让她做什么，她就会去做什么，从小到大，该做什么都是妈妈定好了的。

每天起床上学，放了学就回家，到了晚上睡觉，无论是学习还是生活，都非常有规律。尽管如此，雷蕊的成绩依然是起起伏伏的，好的时候还可以，当然也有坏的时候，总之就是非常的不稳定，不过她的妈妈能够接受。

初三下学期，学校要求初三学生统一住校，集中学习，雷蕊好像完全失去了方向，她完全不知道到了什么时候该做什么事情，也没有办法针对自己学习上的薄弱环节进行弥补，从原地踏步到开始退步，她的妈妈看到这个成绩之后非常生气："你自己的成绩不好，到底是哪一个方面，你自己不清楚吗？"雷蕊低着头，小声地说："之前都是你来帮我做的，我自己不会做！"妈妈看着她，终于明白了原因。

在知识大爆炸的时代，会出现越来越多的知识，所以能拥有自学的能力是非常重要的，它不但可以提高工作效率，还能让孩子更快地适应周围的环境，雷蕊的所有事情都是由父母来包办的，一开始就丧失了自主选择的能力，所以一旦到了新环境，就会无法适应，变得越来越不知所措。

小芷今年15岁，上初中三年级，她有着非常出色的自学能力，能够针对每件在学习生活中出现的问题，做出相应的应对措施，并且在原有的基础上提高。她刚上幼儿园的时候非常依赖她的家长，一到幼儿园就拽住妈妈的手不让她走，大哭大闹。为了能让她更好地独立起来，她妈妈很早就让她做一些力所能及的家务。上了小学之后，妈妈就开始用一些游戏来训练孩子的专注力，孩子有了好的专注力，学习效率就提高了。学习效率提高后，她便开始训练孩子的自学能力。所以孩子学习的时候并没有表现得非常吃力。长大以后，小芷非常独立，独立地生活，独立地学习，有了超强的自学能力。

父母们可以多了解一些常见的学习技巧，然后在和孩子的交往中，将这些学习技巧渗透到孩子平时的学习过程中去，让孩子在无意识的情况下将这些方法和技巧掌握住，就能够激发孩子的学习兴趣了。在这样一个过程中提高他的学习能力，不要只是固定在某一种思维上，要灵活应变，从而让孩子愿意去思考和学习。

森森在10岁的时候拿到了她人生中的第一本《新华字典》，因为她在写作业的时候总遇到不认识的字，就只好去问妈妈，于是妈妈就给她买了一部《新华字典》。妈妈认真地对她说："以后如果遇见不认识的生字，就可以查字典。如果自己找不到再来找我们，我们帮你一起找，可以吗？"森森点头。"字典是这么用的，有两种方法可以查这个字，第一种就是你自己知道这个字的读音，但是你不会组词或者你想知道它是什么意思，你就找拼音；还有就是你不认得这个字，那你是不是已经学过偏旁部首了，就可以通过偏旁部首来知道这个字的读音。"

森森学会了查字典以后，就很少再去问爸爸妈妈生字词了，都是自己解决的，她在查字典的过程中也掌握了自学的能力。

所有的工具书都只是孩子的帮手，可以让孩子不再依赖家长，孩子在查字典的时候也有了一定的思考过程。父母也可以多给孩子讲一些他们耳熟能详的名人在求学过程中自学的故事。在孩子刚开始自学的过程中要求孩子要细致，在孩子学习的过程中抽查他们的学习成果。培养他们良好的学习习惯，针对他们在自学过程中遇到的问题，有针对性地给出切实可行的建议。让孩子能够主动学习，并对学习保持着极大的兴趣，使他们在成长的过程中面对更多的问题时能够制订相应的计划，其中包括平时的作息时间计划、学习计划和读书计划，能够坚定地按照自己的计划执行，并且是不间断地长期执行。学习要从简单到复杂，能够循序渐进，逐步引导孩子，养成自学的习惯。和孩子不断地沟通和交流，帮孩子确定未来的目标，参加各种活动，让他们能够形成优秀的人格。

在父母的教育下，孩子应该能够客观地看待这个世界，拥有一个宽广的胸怀。在看待问题时有不同的视角，遇到困难的时候，能向别人倾诉自己遇到的麻烦，能够合理地调节自己的情绪。如果孩子真的没有办法控制自己的情绪，那么可以转移孩子的注意力，让他做一做自己喜欢的事情，直到孩子的情绪能够稳定下来，这样孩子才能够分析自己的情绪所会带来后果。能够控制自己的情绪，就能够让多数人对自己抱有好感，拥有良好的交往能力，才能够在未来的社会生活中获得更好的机遇。

制订学习计划，“有的”才能“放矢”

孩子在学习过程中，需要家长对孩子有一个比较全面的了解。孩子在学习的时候，一定要有个完整的计划，当然这个计划要客观。否则，孩子就无法及时吸收上课所学的知识了。

首先可以让孩子用纸笔列出在学习和生活中遇到的问题，自己有哪些不足之处，罗列一下优点和缺点；其次安排时间，考虑到现实情况，安排时间，合理利用，做每件事情都要有自己的目标，时间不要相互冲突；最后是计划不要没有具体的安排，也不要把每件事情都放进安排表里。书面计划倒是其次，最重要的是学生要有自己的意志力和家长不断地监督。

小筑今年刚上初中二年级，成绩在班级属于中等。小筑经常在晚上熬夜看书，有一天已经很晚了，家长准备睡觉的时候又敲了敲小筑屋门，说："小筑，你应该睡了，你明天早上还要上学。"小筑没有抬头，说："爸爸，我们后天有个测试。我的书还没有看好。""你这个孩子，平时没有个计划，考试来了就临时抱佛脚。"爸爸和妈妈看到小筑这样，商量了很久，决定和小筑好好聊聊，和小筑制订一个学习计划。

等到测试成绩出来后，成绩果然不是很理想。他拿试卷给爸爸妈妈看的时候，爸爸让他坐下，说道："小筑，你自己的成绩你还满意吗？"小筑看着试卷，声音有点儿低落："我也不知道是怎么回事，我在学习的时候也会开夜车，玩儿的时候就专心玩儿，为什么考试的时候就好多都不会呢？"妈妈拿过卷子，说道："你平常总是出去玩儿到晚上回来，匆忙地写作业。平常学过的东西也没有复习，只有考试的时候临时抱佛脚，对吧？"小筑想了想妈妈说的话，觉得很有道理，就问道："那我应该怎么办呢？"爸爸看着小筑："这样吧，你把你哪里不会和在期末考试前想达到一个什么目标写一个书面计划，我们负责监督你，你可以接受吗？"小筑点头接受了父母的建议。

如果孩子写出一份合理的学习计划，那么他就能够明确学习的目标、合理地安排时间、拥有超强的自学意识。如果孩子没有养成安排自己学习进度、设定学习目标的习惯，他们在学习的过程中就会比较懒散，作为父母就要督促孩子重视学习计划，更要监督孩子的计划。

当然学习计划不能随便做，要根据自己的实际情况，做每个阶段的计划，订一个长期的计划。在接触每个新科目的时候，都要提前做好计划。每天上午做什么，下午做什么，什么时候休息，什么时候做什么科目，这具有阶段性。比较长期的计划就是这个月要达到什么目标，每个学科又该如何协调，只要坚持就可以在考试之前不必临时抱佛脚了。

大发明家爱迪生在小学的时候，没有老师喜欢他，因为爱迪生是个不听话的孩子，脑袋里总是会蹦出许多奇奇怪怪的想法。一天他把老师惹怒了，老师叫来了爱迪生的妈妈："你的孩子真是太奇怪了，他总是不断地提问题，课程都无法开展下去了，所以你还是将他带回家管教吧，不要带坏其他孩子。"爱迪生的妈妈知道自己的孩子是什么样子，所以就把爱迪生带回了家，决定亲自给爱迪生授课。爱迪生家境一般，所以爱迪生除了看书、做实验，还要去卖报纸，他每天早上六点出发，直到晚上才能回家。

工作之余，他总是待在图书馆内。有一天，他在图书馆安静地看书，有个人向他走过来："你好，打扰了，小朋友，能不能问一问，你读过多少本书了呢？"爱迪生看着这个非常古怪的人，说道："我已经读了非常多的书了。"他回答得非常认真。"你每天读的书都不一样，你是随便读的吗？""没有，我是按照书籍排序来读的。我决定要读完图书馆里面所有的书。"爱迪生回答完，也希望那人听过这句话之后能够夸奖自己。"你准备读完这些书，真是了不起，可是你这种方法非常浪费时间，最好是先定下一个目标，然后再去找具体的书读，如果有个书面的计划，就可以用最有效的方法完成你的目标了。"

这段话让爱迪生醍醐灌顶，他明白了那个人给他的建议，并且把他的建议放到他之后的每一件事情中。有计划地做每件事情，这种方法给爱迪生带来了很多的好处。

世界上的每个孩子都是不同的，每个孩子都有自己的缺点和优点。他们在学习和生活中也会表现出许许多多的差异，因为这些差异，所以每个孩子对待相同的事情就会有不同的态度，他们会选择不同的方法去完成这件事，也会有不同的学习方式。课后书面作业的完成情况，上课孩子是否能认真听讲，是不是能够顺利地通过考试，是不是能名列前茅，这是现在所有的老师和家长都会默认的标准之一。所以孩子的学习计划就不应该相同，找到属于自己的方式和计划，走出一条属于自己的道路。

只有从实践中获得知识和经验，才能一点点地变成自己的。爱迪生如果生活在现如今的社会当中，可能就不会是一个发明家了，他会更早成熟，被现在的家长和老师过早地扼杀自己的奇思妙想。只有在实践中摸索获得的经验和技能，才会真正成为自己的经验和技能，才会真正运用于工作中和自我发展中，因为知识不仅仅是要牢记，更重要的是运用，要化作生产力。发明家爱迪生如果从文凭和学历来说，他不是高级知识分子，但是他所掌握的知识是有效的、灵活的。所以我们要让孩子尝试着用所学知识来解决各种问题，并在实践中收获更多的知识。

重视培养孩子的学习兴趣，避免厌学情绪

孩子成长的过程中，都会有自己想要做的事情，想要成为的人，想要达成的目标。不管是多么天马行空的想法，又或者说是不切实际的未来，都需要家长和孩子一起努力。让孩子明白不管有什么样的想法都需要通过努力去实现，实现的过程就是学习的过程，学习是有必要的。要让孩子能够真正地明白读书的作用，而不是父母按照自己的理想方式去命令孩子。成功是不能复制的，目标的制定要因人而异。

而孩子的厌学情绪大部分来自父母，有的家长是为了满足自己的虚荣心，为了和其他人的孩子攀比，不顾孩子的兴趣所在，给了孩子很大的压力；有的家长又过于关注孩子，认为孩子如果做得好都是应该的，做得不好就是不应该，当做得不好的时候，就严厉地斥责孩子，让孩子对其他的方面也都失去信心，总是把孩子的目标定得又高又远，孩子的精神压力越来越大，最终只能适得其反。要让孩子“轻装上阵”，在学习的路上远行。

亮亮今年初二了，成绩在班级的中上游，还算是可以。但是亮亮的爸爸并不满足，认为亮亮如果初三还是高不成低不就，那就没有机会上重点高中了，这让夫妻俩非常着急，亮亮的妈妈爸爸就只好一起给孩子施加压力，不停地跟他灌输“考不上重点高中，就考不上重点大学”的想法，不过就这样过去了很长的时间，也没有什么效果，亮亮

考试的时候一点儿也没有进步。老师把亮亮的妈妈叫到学校，跟她说亮亮这段时间内向了很多，情绪一直不太稳定，希望家长可以多关心关心孩子。

亮亮回家之后也不怎么说话，父母就感觉必须要带着亮亮去看心理医生了。等到心理医生给他做完检查之后，跟亮亮的父母说亮亮这个孩子有抑郁症的倾向。心理医生建议亮亮的爸爸妈妈可以适当地减少对亮亮的压力，可以退而求其次，考一个相对不错的学校。亮亮的爸爸妈妈也只好这么做了，对亮亮的要求就降低了。亮亮自从没有了巨大的精神压力以后，学习反而越来越好，在中考的时候超出所有人的意料考上了重点高中。

孩子和学习这件事情有着直接的关系，也是和学习关系最近的人，可是如果面对学习时所有的行为都是被动的，不管是学习还是考试，时间长了孩子也就烦了。家长要用更能让孩子理解的方式来让孩子接受学习的过程，让孩子去寻找一些问题，去主动地寻求问题的答案，自然而然地改变孩子的学习态度。

每当孩子提出一个问题时，家长就能清楚地了解孩子特别擅长哪些方面，孩子对自己也会越来越有自信。而家长可以通过不断地提问来了解孩子在这方面有没有进步，他欠缺的地方是不是可以弥补，孩子是否能够完整、清楚地说出自己的诉求，如果家长极大地满足孩子的自尊心，就一定能够引起孩子的学习兴趣。

楠楠最讨厌放学回家坐车在路上的这段时间，虽然妈妈总会来接他放学，可是妈妈跟他的话题就是学习，除了学习妈妈好像没有什么想跟他说的，而他想跟妈妈说他今天见到了什么有意思的事情，和小朋友做了什么有趣的游戏，今天老师因为他表现好夸奖了他，今天他的同桌和丽丽吵架了，有很多很多。可是妈妈今天还是照例问起他的学习：“楠楠，今天有没有考试啊，留了什么作业啊？”楠楠没说话。

等快要到家了，楠楠才说这次考试退步了，只考了全班的第五名。楠楠的妈妈比平常更加关注孩子的学习了，开始给孩子增加作业，楠楠感到非常累，越来越讨厌学习了，上课的时候不再认真听讲，平常也不爱说话了，楠楠的成绩因为妈妈的过分关注一落千丈。

“教学的艺术，不在传授了什么本领，而在于激励、唤醒、鼓舞”，这是法国一名教育家说的一句话，而孔子也说过：“知之者不如好之者，好之者不如乐之者”，教育学上说孩子是学习的主体，而家长只有让孩子真正地从心底里去接受学习，才会调动孩子最大的主动性和积极性，孩子才能将知识转化成自己的东西，孩子才会变被动为主动。

还有好多孩子厌学的原因是他成绩不是特别理想。成绩不理想这个现实给孩子增加了许多的压力，孩子就会开始自我怀疑，产生不安感，害怕家长的责骂，会很纠结，是不是自己真的不适合学习，遇到这种情况家长可以通过疏导，在学习方面帮他建立自信心，才能带着孩子走出低谷，让他们觉得学习不是一件非常困难的事。

盼盼非常努力地学习，上课也是认真听讲，总是积极地完成各种作业，和他的同桌一样的努力，可是到考试的时候，同桌能考全班第一，他就只拿到了第十九名，盼盼非常的失落。当他到家的时候，他很失望地问妈妈："妈妈，你说我是不是个不聪明的孩子啊，为什么我和同桌一样的用功，他能考到第一名，我就只能在班级中游呢？"妈妈知道同桌给了他很大的压力，她看着孩子在想该怎么回答孩子的问题。

又一次考试过后，他进步了三名，他的同桌还是第一名。孩子再一次问了同样的问题，但是盼盼妈妈没有跟孩子说"你还不够努力，你还不够勤奋"等，她知道儿子已经非常努力了，平时也很辛苦了，妈妈依然没有回答他的问题。盼盼开始对学习失去了信心，甚至几次三番逃课，于是妈妈想了个办法，带着盼盼去看了海，看到了灵活的水鸟和有些笨拙的海鸥，盼盼的妈妈告诉他其实看上去笨拙的海鸥才能飞过大海横过大洋。

后来，他以第一名的成绩考入了重点大学。

不要随意地去否定孩子，或去阻止孩子，甚至去强迫孩子，这些事情并不能让家长得到想要的结果，反而是会起到相反的作用。家长对于孩子期望过高，希望孩子能够好好学习而考出好的成绩，这样只会给孩子增加不必要的压力。可以尝试着让孩子发现自身的爱好、兴趣，如果在某一个他擅长的方面能够做得好，那他对学习就不会产生过多的抵触情绪了。

允许孩子去玩儿，注意劳逸结合

每到假期的时候，各种补习班的传单就铺天盖地而来，面对长假期，家长们总是很纠结，是让孩子出去玩儿还是在家学习，要是出去玩儿野了就难收心了；要是在家学习，平常的学习就已经够辛苦了。如果能够“劳逸结合”，让孩子能够过一个精彩又有意义的假期，就不会让孩子产生抵触和厌弃学习的情绪了。

那如何“劳”又如何“逸”呢？可以选择离家不太远的地方，选择能够陶冶自己的情操，能够拓宽自己的眼界的事情来“逸”。可以去爬山、去博物馆、去艺术馆、去纪念馆，还有主题公园，不用待在家里对着各种作业，又能够了解很多的知识。不仅是在假期，平常学习之余，家长可以适当地带着孩子去玩儿一玩儿、看一看。

李阳已经在初三度过半年了，他对学习非常重视，为了能考进一所重点高中，他决定假期也不放松，李阳的爸爸认为他应该实行“题海战术”，在书店给他买了几本学习辅导书，李阳开始了从早到晚的学习生活。在爸爸的坚持下，李阳几乎没有休息和娱乐的时间，别人在学习的时候李阳在学习，别人在玩儿的时候李阳还是在学习。李阳几乎每天除了吃饭、睡觉、上厕所就是在桌前学习。

在长时间的高强度压力之下，李阳心力交瘁，但也还是觉得只要坚持到底就可以了。从假期到开学，李阳还是保持着自己的学习节奏。可是其他的同学就已经开始调整自己，出去跑个步、散个心，李阳的精神继续保持着高度紧绷，导致中考前几天他在课堂上晕倒了。最后他也只能带病参加中考，中考成绩和他平常的成绩相差甚远，这让李阳和他的父亲都非常后悔，“要是休息休息就好了！”

很多的父母和孩子将学习看得格外重要，总是在争取一切时间做题、学习，不论是上学期间和假期期间，都不肯放松。孩子所有的休息时间，都用来了学习而不是休息，孩子在高强度的运转之下，身体的情况会远不如其他孩子，并且精神压力也会越来越大。让孩子在学习累的时候去外面转一转，孩子玩儿得差不多了的时候提醒一下，玩儿的时候就尽情地玩儿，学习的时候就认真努力地学习。要让孩子“踏实”地劳逸结合，不要玩儿也没玩儿好，学也没学好。

赵钦今年初三了，在上课的时候老师不断地提起最后一年的关键性，家长也时不时嘱咐他要好好把握最后一年的时间，这让刚刚进入初三的赵钦紧张不已。开始为考上重点高中做准备，他每天早上10点起来，晚上12点才会睡觉，一个假期过去，他的生物钟和学习规律都被破坏掉了，他在开学后不太能够适应学校的作息时间。他早起之后就开始没有精神，上课一直开小差，还会非常困，食欲不好，身体状况也变差了。

赵钦的妈妈就去找了相关的书和资料，决定尝试一下他们提供的解决办法。她首先和孩子制订了一个复习计划，根据赵钦最近学习的内容和掌握的程度。放学的时候会带着赵钦去逛逛超市和公园；她还要求他每天早睡早起，刚开始的时候赵钦是睡不着的，所以妈妈会要求他看20分钟关于历史和文学的方面的书；早上可以背上几个英语单词，合理分配和充分利用时间。坚持了两周之后赵钦的记忆能力和反应速度有了明显的改变，成绩有了进步。他跟妈妈说的时候，妈妈回答他说：“一张一弛，文武之道。凡事不能把你的脑子里的那根弦绷得太紧，偶尔也要松一松。这就是‘劳逸结合’。”经过这件事情赵钦和妈妈的关系更好了，什么事都愿意和妈妈商量了。

因为现在独生子女的家庭越来越多，家长的所有期待都会放在孩子一个人身上，孩子再听话懂事一些，所有人的目标就都一致了，就是学习，不停地学习，但这样反而不利于孩子对学校教授的知识的理解和吸收，孩子还会产生强烈的抵触情绪。不停地学习会让孩子的大脑得不到休息，久而久之就会疲惫不堪。家长可以给孩子找一个喜欢的兴趣班，学一门乐器，或者书法 ，学累了就做一做别的，也是休息的一种办法；又或者去参加比较有意义的活动，比如到敬老院做义工，又比如是参加马拉松比赛。既能让孩子锻炼身体，也能扩大他的交友圈，要让孩子“健康”地劳逸结合。

童童是个兴趣爱好特别广泛的孩子 ，喜欢看书，喜欢角色扮演，喜欢日番漫画，喜欢唱歌跳舞，在小学的时候她就能够把这些协调得很好，还能够保持着不错的成绩，在学校大大小小的活动中表现得也都很积极。当她升到初中之后为了多一些时间做数学题，就不再参加唱歌跳舞的活动了，又过了一段时间她又“戒”掉了日番，后来基本上就告别了这些兴趣爱好了。

性格开朗的童童变得内向起来，很少和小伙伴出去玩儿了。然而她的成绩并没有像她预想的那样名列前茅，她开始焦虑，甚至疑惑，她已经用了自己全部的时间和精力在学习上了，为什么还是没有进步呢？她去问妈妈，妈妈没有回答她，而是给了她一张门票，跟她说下午有一场动漫的线下活动，童童很动心。但是她拒绝了，理由是她还有功课要完成。妈妈跟她说：“你的问题参加完这场活动，晚上做完功课就会有答案的。”她将信将疑，等参加活动回来，她做功课的时间比平常少了 20 分钟，睡得也特别好。她这才明白了妈妈的用意。

孩子对学习有着兴趣但是也不能过度消耗这些兴趣，可以安排得密集一些，却不能占了全部，对他而言太密集的时间安排只会适得其反，压力会消耗他对学习本身的兴趣。引导孩子明白劳逸结合的重要性，能够合理、均衡地安排时间，适当地放弃自己的爱好是可以的，毕竟人每天只有二十四小时的时间，总之不能“鱼与熊掌兼得”。

GOOD PARENTS DON'T YELL

第六章

面对冲突，冷静应对莫冲动

俗话说：十年树木，百年树人。家长在教育和培养孩子的时候千万不要操之过急，得循序渐进，慢慢去引导。培养孩子是一个漫长而费心的过程，家长不可急于求成，否则欲速则不达。在孩子的成长过程中，家长需要多一分耐心。

以自然结果解决与孩子的冲突

当孩子在某些方面过于任性，不听家长的劝告，而做了某件事情，那这件事情就会产生一个“自然结果”。当家长让孩子为自己的行为埋单的时候，孩子自然会对这件事情有一个深刻的认知和了解。在教育学上称之为“体验式成长”，也就是用事情的后果引导孩子朝着相对正确的方向行走。

家长经常抱怨的就是孩子不听话，说了多少遍还是没有任何作用，其实家长在无意中错失了一次能够帮助孩子改正错误的机会。孩子本身体验不到，他自然就记不住这个错误，记不住，也自然就改不掉。说到底，足球不是在家里客厅踢的，游泳也不是在教室里学会的。孩子上学忘了带水杯要送，孩子的作业忘带了要送，孩子文具盒忘带了也要送，因为家长认为不带就没有东西能用，可是事实是如果你不送，他下次就能自己带了。

有一位家长是这样使用自然结果法的，现在大多数的小孩吃饭都要家长来喂，而且吃饭就是在用“求”的“求爷爷告奶奶”他才愿意把这顿饭给你吃好，而这位家长给孩子定下的规矩是，吃饭的时间由家长来定。孩子自己愿不愿意吃，吃多吃少家长是不管的，并且没有零食可以吃。当然之前也有过这个毛病，是在和老人一起住的时候，都说隔代亲，老人总是担心孩子吃不好、吃不饱，孩子就养成了到饭点不好好吃饭、跑来跑去、三心二意的习惯。大家都吃完了，他还在吃，吃饭这件事能拖一两个小时，甚至有时吃到一半就跑去玩儿了。不过到了父母这里，就没有人随孩子的意了，父母严格按照之前提到过的规矩来，不出一个礼拜，孩子就能好好吃饭了。

这个原则看起来很强势，但是是有言在先的。规矩就是这样定的，遵守不遵守全在自觉，遵守就是皆大欢喜，不遵守就要受到惩罚。关于吃饭这个问题，孩子在既定习惯的怂恿下，会不自觉地去触碰家长的底线。如果家长能狠得下心来，经历两三次孩子就知道家长的底线在哪里了，他也就学乖了。因为孩子不好好吃饭，饿了也只会自己遭罪，饿了几次孩子自然也就妥协了，没有和自己过不去的人。所以以自然的后果来结束孩子的不良习惯，是最直接、最有效的办法。

前段时间玉如在外面吃饭的时候，很想喝桌上的饮料，她的妈妈没有拦着，虽然她认为冬天喝饮料不太好，但她并没有阻止孩子，只是提醒孩子："冬天哪怕是常温的饮料也非常凉，你还在咳嗽，你要喝那么后果自负。"最后玉如还是没有抵抗住诱惑，喝了饮料。

到了晚上回家的时候，玉如的咳嗽就加重了，玉如的妈妈和她说："你的咳嗽加重了，但是我们有言在先，我劝你你不听，我之前一直给你按摩来缓解你的咳嗽，现在所有的努力都白费了，你这是不尊重我为你付出的劳动，也是对自己不负责任。"

玉如对于母亲的这份用心不知道是不是能够理解，她当时没有说话。然后就是一直一直咳嗽，咳嗽得非常厉害。但是她忍住了，直到第三天玉如忍不住了："妈妈，我错了，你带我去看医生吧，我以后生病的时候再也不吃凉的了。"没过几天，玉如的咳嗽痊愈了。

这也是自然结果，生病对于孩子来说非常痛苦，家长没有马上带她去看医生，而是让她承担这种错误造成的后果。但是并不是每个家长都能做到这样，身体上的小毛病可以很快地被根治，但是精神上、行为习惯上的毛病，并不是那么容易根治的，能根治孩子看不见的毛病有着重大的意义。

要用自然结果对待孩子，就得“提前要说好，之后看不到”“提前要说好”就是整件事情的规则和道理要对孩子提前说好，要让他清楚他的行为会造成什么后果，而且这个后果是没有人帮他承担的；“之后看不到”就是当这件事孩子明知故犯出现了孩子能承受的后果，不替他补救，要他自己承担后果。这个时候孩子就知道这件事情是错误的了，那教育的目的也就达到了。这时候家长一旦实施就不能心软，不能没有原则性，否则之前所做的就毫无意义了。

5 岁的糖糖非常喜欢吃零食，所以每次吃饭的时候，等到妈妈把饭盛好，糖糖就跑掉了，不是去看电视，就是去玩儿玩具，总之就是用各种手段逃避吃饭，妈妈毫无办法，偶尔会轻轻地拍她几次来让她吃饭。糖糖就是刚刚挨了打也不能好好地吃顿饭，还是继续东张西望，爱吃不吃的。或者这次能管用，下一次吃饭还是会像之前那样。而糖糖也非常倔强：“我想什么时候吃，我就什么时候吃！”两个人还是妈妈妥协的时候多。

如果用自然结果法去解决这个问题，就应该和她说好如果在吃饭的时间不吃饭，也没有零食吃。等叫孩子来吃饭，孩子不吃，等一会儿饿了找你要零食的时候，就直接拒绝她，毕竟已经说好了。糖糖在饿了几回肚子之后，自然就知道了：吃饭只和自己有关，如果不吃饭只能饿肚子。

如果是强制性地命令孩子起到的作用不大，作为家长，要做的就是给他犯错误的机会，但要他自己承担后果，这次错了，下次就知道收敛了。用正确的态度来处理与孩子之间的矛盾，去解开事实的本质。但是当孩子已经开始处于情绪失控的边缘，开始有些外在的动作的时候，临时去编一个道理让他去信服是不现实的。所以尽量采用合作的态度，家长才能够在避免激烈冲突的前提下达到纠错的目的，运用自然结果法，既要有耐心，还要下狠心。因为一旦妥协，之前所做的一切努力就白费了。

不利用权威解决与孩子的冲突

孩子每天都在成长，在认识这个世界的过程中，由于观念不同，与父母的矛盾很可能与日俱增。而冲突是所有人都不愿见到的，甚至在刻意回避的，“冲突”在所有人看来最终不是什么好事情。很多时候成长是一场“权利”的争夺战。父母和孩子在争夺成长的“权利”，当然谁都想成为胜利者，而也有一部分的家长不想和孩子吵得不可开交，所以一忍再忍，一让再让。

世界处处被规则所束缚，孩子又在努力探索着这个世界。家长总是想用最短的时间结束一件事情，孩子却对某件事情充满了期待和热情。不同的人对事物的看法不同，父母和孩子也会出现意见相左的时候，问题出现的时候，当孩子能够主动地表达自己，主动地寻求解决问题的办法时，家长也要能够耐心地听完孩子说的话。把冲突当作一件平常的事，不要害怕它出现，不要害怕它会破坏家里面的平静。让孩子有机会体验冲突的情况，再去沟通，再去化解。

暖暖和妈妈一起出门散步，走着走着暖暖就想要骑车，但是妈妈穿着高跟凉鞋，不能跟着孩子一起骑。如果让孩子一个人骑车，妈妈就要跟着孩子在后面跑，自己就有可能会受伤。如果不让她骑，暖暖看起来又很坚决。于是，妈妈努力思考着第三种方法，能够让双方如愿以偿。

妈妈和暖暖说："孩子，我们不是说好出来散步的吗？妈妈没有穿运动鞋，如果跟着你的车跑，我的脚就会扭伤了。"

"那我可以自己骑啊，你可以不跟着我。"暖暖的语气十分急切。

妈妈蹲下来看着暖暖："但是你离我太远的话，我会不放心的。"暖暖有些不甘心："可是我还是想要骑车。"妈妈问他："你现在觉得去骑车比散步有趣是吗？"暖暖点头："嗯，骑车更好玩儿。"妈妈又说："那我们现在有了一个矛盾，你不想散步想要骑车，妈妈不想追着你的车跑，你有一个两全其美的办法让我们两个都能接受吗？"暖暖不说话了，似乎在想些什么："妈妈，我觉得你可以回去换一双运动鞋。""这是一个办法，还有别的方法吗？""还有，"她停了一下，"要不你走快点儿，我骑慢一点儿？""这是第二个办法，你还有别的办法吗？"暖暖用力地摇了摇头。"这两个办法的话，第一个办法有些浪费时间，我觉得第二个办法比较好。""那好，我们去取车吧！"

尝试着听取孩子提供的解决方法。家长先说出自己的想法，对孩子所有的意见一概否定又或者贬低都是不可取的。首先家长要做的是接受，并且要鼓励孩子多去想、多去表达，然后再去用平等的视角去讨论这些方案，哪些合理，哪些不合理；哪些可行，哪些不可行；哪些有利，哪些是做无用功，把范围不断地缩小，最后确定最可行的方案，然后去执行。在执行的过程中反馈、调整，再不断地改正，直到完成这件事情。

浩浩刚上小学一年级，但爸爸妈妈对浩浩特别不满意，浩浩小小年纪就不服从家长的管教，软硬不吃，吼叫不能“控制”他，鼓励也不能和他沟通；浩浩总觉得家长的关心很多余，而且他也非常不尊重别人，经常挂在嘴边的就是“我讨厌你，我不喜欢你，你是个坏人”；又或者总是喜欢做那些攻击性动作；做作业的时候经常会把时间拖得很长，无法去做别的事情。每当这时候，浩浩的爸爸妈妈就用家长的权威压迫浩浩，让他听话。然而时间长了，即使父母的权威压迫也不管用了。他的爸爸妈妈认为孩子太不正常了，他爸爸还说道：“我小时候就是很听话的一个孩子，从来不和大人顶嘴，什么都听大人的。”

当浩浩来到心理咨询室时，瘦小的他眨着那双灵动的大眼睛，心理咨询室内有一个沙盘游戏室，他妈妈让他去玩儿沙盘，可是浩浩还是坚持着：“我就只玩儿我带的玩具，只玩儿那个陀螺！”在咨询过程中浩浩不断地来干扰医生和爸爸妈妈，他看起来非常害怕，也非常没有安全感，敏感地在大人的身边走来走去。

孩子对所有具有权威的人，主要是他的父母，都有一种双重的感情，他们是既爱自己的父母又“恨”自己的父母。这种感情是不为家长所理解的。在日常与孩子的相处过程中，家长会遇到很多矛盾的事情，有正面也就有反面，有压迫就有反抗，所有的孩子对于家长的权威压迫都很敏感，家长和孩子应该相互理解，理解对方身上比较复杂的情感，即使孩子情感复杂，家长也不必太过担心。家长就是孩子情感的一面镜子，如果采用严厉和权威来解决冲突，孩子会因为觉得家长一直是胜利者而心有不甘。

现在家长和孩子的冲突时有发生，这很常见，只要有冲突就一定要分个输赢，吵得非常凶，“输赢”让孩子和家长都非常为难，家长总是想要一个最好的结果，如果太严厉了，怕是会对孩子身体心理上造成伤害；如果太温柔了，孩子又会认识不到自己的错误。

当家长利用权威解决冲突时，父母和孩子之间就会有权利和意志力的博弈 ，双方在某一个问题上非要争个输赢。家长有时候会说，一定要争出一个结果，让孩子知道在这个家里谁说了算，孩子如果不懂这件事，他就永远不能够乖乖地听话。这样亲子关系就会在这种亲子冲突的过程中越来越疏远。冲突就是家庭生活的一部分，尽量回避或者用权威压制下冲突都是不可取的。权威带来的只是畏惧，是孩子对父母的畏惧，害怕爸爸妈妈定下的规矩，又或者双方的关系会变成在同一个空间可以忽视对方的存在。

孩子当众发难，应对态度很重要

在大庭广众之下，有的小孩子会不管不顾地大吼大叫，尤其是人越多的时候哭声越响亮，这个时候身为家长的你要怎么做？是把他打一顿止住哭声？是满足他所有的要求？还是等他哭够了就好了？或者有什么更好的办法来让你解决这个让你感觉无比尴尬的事情。

其实，家长也要学会如何怎么去接纳孩子的情绪，要允许孩子有情绪，要尝试去理解孩子，或者鼓励孩子直接说出来。被拒绝时心情都不会很好，不论家长还是孩子。所以可适当地接纳孩子的情绪，因为如果他压抑着情绪，那情绪并没有消失，而是被暂时搁置，然后在悄无声息地影响着他。接纳情绪不是接纳所有不合理的情绪，那样孩子的要求会非常多，家长是不可能满足孩子所有要求的，不能答应就要坚持住，这样以后他自然而然地就知道不再提这种要求。

午饭的时候一对母子进来吃饭，他们要了一份汤，孩子看起来很爱喝那个汤。刚端上来就要伸手去够，妈妈喊了一声拦住了孩子，让孩子不要碰汤碗，孩子就开始小声地哼哼唧唧。妈妈盛了一碗汤，等凉到可以喝了，才端过去给孩子喝："好了，现在可以喝了。"但孩子拒绝了那碗汤："我不喝了，我不想喝了。"妈妈再次把碗端过去，结果孩子直接就把头转过去了。这时候妈妈也生气了："不喝就不喝，这孩子怎么就这么不懂事呢？"听见妈妈数落他，他索性就大哭起来。然后孩子被他妈妈推推搡搡地带出了饭店。

当孩子的举动不合时宜时家长要保持冷静，这个有时候确实很难做到，但你要记住孩子也许并不是有意在使坏。上文的事件就是一件很常见的小事，孩子喝汤的愿望太急迫了，家长又觉得孩子太小了，立刻去拿汤碗会被烫着，当时的孩子并不理解"烫"有什么意义，主观感受就是我想喝汤你为什么拦着我不让我喝？所以孩子就非常生气。家长则认为孩子在没事找事，所以就会训斥孩子，而孩子的情绪达到高潮，就开始大吵大闹。如果家长在保证安全的前提下，让孩子去碰碰盛汤的碗，孩子就会知道那个东西不能碰，也就不会有后面那么大的情绪冲突了。

一个男孩总是在大庭广众之下发脾气，一旦他感觉不舒服就要发脾气，他的家人都因为他发脾气而苦不堪言，他的父亲认为这样下去不是办法，就想了一招儿。父亲把儿子叫过来说："你发脾气可以，但是你每次发完脾气，都要将一颗钉子钉在门口的篱笆上。"男孩认为没有问题，就答应了。一天下来，他发现篱笆上面钉满了钉子。他没有想到这短短一天之内他发了这么多次脾气，他感觉有些害怕，他想要拔掉这些钉子。这时候父亲说："只要你忍住一天不发脾气，就可以拔掉一颗钉子。"

男孩心想这有些不公平，一天之内发了多次脾气，钉了这么多钉子，拿下来的时候却只能一天拿掉一个。不过小男孩看着满篱笆的钉子，还是答应了。从此他学会了控制自己的情绪，和家长主动地沟通自己的想法，终于等到了把钉子都拔下来的时候，小男孩已经能够不再随意地发脾气了。当和父亲一起再面对这面篱笆墙的时候，父亲对他说："你看到了没有，这篱笆上虽然没有了钉子，但是钉下钉子的地方还有痕迹，而这痕迹就算是拔了钉子也恢复不了，其实你在别人身上发的脾气，不是一句'对不起'就能解决得了的，在你伤害别人的地方一直会存在一个痕迹，伤害着你爱的和爱你的人。所以凡事要三思而后行，遇到事情多想一想，用心去感受你身边发生的一切。"

从此这个男孩变成了不会乱发脾气、体谅他人、理解他人的人。

在这个故事中，孩子发脾气的时候，父亲教给孩子接受并且承认它，还把每一次的情绪记录下来，自然结果出现之后，孩子明白了自己的情绪有多么的糟糕，于是学会了对不必要的负面情绪放手。

接着家长告诉孩子，这些负面情绪代表了什么，父母不会因为你的负面情绪放弃爱你，却会因为你的负面情绪而感到伤心。你不喜欢的事情可以表达，下一次父母就会注意，你也可以发泄情绪，但是一定要合理。

网上有这样一个视频，内容大概是这样的：大连一个女孩和男友在饭店吃饭，因为邻桌4岁的孩子不停地在哭闹，女孩提醒了一下，但没有任何效果，女孩子非常急躁。

她就径直地走过去踢了孩子一下（其实可能是想吓唬他，所以踢的是旁边的椅子），孩子的妈妈非常生气，就直接打了那个女孩，当服务员劝架的时候也无端被打了，所以无辜的服务员也被卷进了这件事情。当时的妈妈一边动手一边叫嚷，觉得孩子哭闹是很正常的事情，你又不是孩子的什么人，你凭什么管他。女孩则认为这是在公共场所，哭闹自然会影响别人。

那位家长可能没想到的是，当自己的孩子在面对这件事情时，面对家长一言不合就动手后，在他以后成长的生涯中，他很可能一有不如意就会当着所有人的面和家长过不去。当孩子慢慢长大，家长就应该做好应对这种尴尬的心理准备。因为这个时候的孩子已经在学会如何去表达自己，去争取自己想要的，开始去摸索、去试探了。

因为孩子对新鲜的事物保持着强烈的好奇心，所以他在外面的时候想要东西的欲望就会特别强烈。他的所说又或者是所做，就会让家长一度陷入尴尬之中，因为他自己并不觉得这件事难为情，他的关注点是你没有满足他的需求。当孩子的情绪影响到其他人的时候，就应由他去理解这种情绪的错误性了。

用坚定的行为制止孩子胡闹

家长是这个世界上比较辛苦的职业之一，家长要会才艺，在孩子表演节目的时候，给孩子做参谋；家长要会手工和绘画，孩子在做手抄报时就能指导他了；家长还得学好全科，这样才能够辅导孩子作业；在努力的过程中，家长也要讲究方法，如何去帮助孩子，如何去拒绝孩子。当我们想要改变一种教育状态的时候会非常困难，因为家长既定的教育模式，会干扰到孩子。因此想要改变就必须态度坚定。

坚定能够完成对于孩子教育的信心，把握住对孩子的底线，当孩子不听话的时候，家长不能强迫他去听话，强迫他听你讲道理，其实家长可以稍稍离开一下，让孩子情绪稳定一点儿，不在他犯错误的时候直接地去命令他或者斥责他，给他一个缓冲的空间，这是对孩子的尊重，也是对自己的尊重。当家长和孩子双方的情绪都稳定了下来的时候再去讲道理会事半功倍，把事情做好。经过长年累月的坚持，孩子也会理解家长的原则性，也能够拥有一颗强大的内心，到最后能够承担起自己的责任，相信父母也会当孩子强大的后盾的。

豪豪是个调皮的小男孩，某天在厨房忙碌的妈妈看到豪豪在拿着他新买的玩具枪到处炫耀，并且瞄准了别人家的窗户。她立即放下了手中的事情叫回了豪豪，她让豪豪坐下，两个人沉默了一会儿，妈妈问豪豪："我能问你刚才在做什么吗？"豪豪很诚实地说："我在向小伙伴们炫耀我的玩具枪，他们就问我能不能打中天天家的窗户，我就试了一下，还没打，你就叫我回家了。""你觉得打别人家窗户这种行为是对的吗？"妈妈停顿了一下，"我们有没有教过你这种行为是不对的？"豪豪的声音变小了，回答道："你说不能随便动别人家的东西，可是是天天让我打的，他怂恿我这么干的。"妈妈握住了豪豪的手："那天天的妈妈有没有没有允许他这样做？"豪豪摇头，妈妈就结束了这次谈话。

后来孩子射击了瓶子、罐子，妈妈又非常有耐心地进行了沟通。结果第三次又被妈妈看到了，妈妈拿过了他的手枪，告诉他不能带出去，可以在家里玩儿，讲明了道理以后，孩子就再也没有犯这种错误了。

这件事情有一个非常简单的办法，就是直接把孩子的玩具枪拿走，用行动告诉他这样做是不对的，当家长发现孩子"不听话"的时候，如果继续和孩子讲道理，那么可能是没有用的，动手去打孩子、出声去训斥孩子，很可能同样无济于事，所以可以用无声的行动去代表家长坚定的意志。始终用语言去表达这件事情的错误性，在孩子还是不听的情况下，其实可以尝试着沉默，用行动来表明自己坚定的态度。虽然第一次尝试沉默的时候会有些艰难，但只字不提不代表纵容，只是用行动代替了语言。

在孩子和家长意见不合的时候，有时是孩子做错了什么事情，有时候是孩子不能达到家长的要求，家长也陷入了手足无措的困境当中。在面对孩子的时候，只好拿出强硬的态度，过分地坚持自己的观点。然而当过分坚持的时候又觉得太让孩子难堪，所以又会想要去补偿，从而失去了原则性。

5 岁的李特在学校门口号啕大哭，因为李特不肯上学，妈妈硬送他来。他不想在学校待着，他不想离开妈妈。妈妈非常焦急，又哄着又劝着，又命令他，不让他的情绪失控，反复地说着一句："你能不能不要哭了！""我相信你是最勇敢的孩子！""那你能不能好好地跟我说，不要哭了好不好？"然而怎么说都没有用，所以最后妈妈只好狠下了心，跟李特说："我不管你了，我要回家了，你就一个人在这里哭吧！"

她已经走了很远了，听到孩子越来越大的哭声，又折回来走到李特的面前："好孩子，你一定要留在教室里，不要哭了好吗？"这时候老师也来了，非常温柔地说道："李特妈妈，您可以回家了，我相信李特他这么勇敢，一定可以克服的，对吗？你要不要和其他小朋友一起玩儿呢？"李特的哭声渐渐小了，妈妈就离开了。等李特平静下来后，就跟着老师回了教室。

当家长无法理解孩子的失控情绪时，家长会感到非常无助，家长用了几种方法给孩子施压，想要让孩子听话，却不能够采取相应的措施。孩子因为感受到家长的压力，哭得更加厉害了。家长在孩子的情绪中崩溃，也会控制不住自己的脾气，就会直接把不好的情绪传递给孩子。

5 岁的涛涛跟着妈妈一起去超市，涛涛坐在超市的购物车里，待了一会儿，又跑了出去，爬上旁边的栏杆，然后爬过去。涛涛的妈妈制止了涛涛的这种行为：“不要这样做，你会受伤的！”涛涛忽视了妈妈的制止，还是重复着这种动作。涛涛的妈妈一边照看着涛涛，一边拿着东西，涛涛的兴趣从购物车转移到了旋转门上。当妈妈付完钱准备离开时，涛涛就一直在玩儿其他栏杆和旋转门，直到离开。

孩子在小时候，因为不懂事，在很多事情上有些“专制”。很多时候，他坚持着自己的想法，一旦不如愿就在地上大哭大闹，发脾气、扔东西，那只是孩子的试探，试探着你的底线。他认为如果他反复地这样做，就会得到他自己想要的。因为大部分家长都会妥协，孩子就这样轻松地达到了自己的目的。可是如果你不用太激烈的方法，而是尽量平静而坚定地拒绝孩子，那么这个时候孩子就会看到你的坚持，就会放弃自己的“无理取闹”了。

有时忽视也能成为一种力量

家长通常会遇到经常胡闹的孩子，你让他往东他偏偏要往西，你让他做这个，他就要去做那个，孩子被惯得就像个“小皇上”。孩子在胡闹的时候都会选择性地“耳聋”，根本听不见家长的警告和训斥，即使家长动之以情晓之以理，也无济于事。孩子就是你禁止做什么，他就要做什么，家长禁止的东西对孩子有着致命的吸引力。

其实想通过语言的警告让孩子能够令行禁止不太可能，相反，父母越禁止，孩子越喜欢做。事实上，父母的禁止到了孩子这里就变成了一种诱惑。家长如果反其道行之，不去提禁止，努力去学会“禁止的艺术”，让“禁止”是令行禁止，而不是变成诱惑挑起孩子想要做这件事情的欲望。禁止在很大程度上意味着争执，在“禁止”向“诱惑”靠拢的过程中，家长要学会找到一种新的方法来跟孩子沟通，这就是忽视，其实忽视也是一种不容小觑的力量。

有一次朋友提起他的儿子，儿子4岁了，长得非常可爱，胖嘟嘟的，单纯又有点儿蛮横。某天他们家里来了很多人，孩子非常兴奋，在桌子上爬来爬去，还随手转盘子，朋友的岳父岳母跟在后面，好言相劝：“宝宝，咱们不玩儿盘子了啊！”还有别人跟着恐吓：“再玩儿就把你从这里扔下去。”几种方法的结果都不言而喻。孩子还是自顾自地玩儿着盘子，后面的老人家强势地抢过盘子，孩子愣愣地，“哇”的一声就哭出来了，一直到老人家再次把盘子递给孩子，孩子才停止了哭泣。家里面所有的大人都拿他没有办法。

于是，有人给他出了一个主意，房子里面的大人一共有6个，6个人一起偷偷地说着他们的话，谁也不再关注那个孩子在做什么，孩子一开始依旧不亦乐乎，但玩儿了一会儿就没有兴趣了。他开始奇怪为什么没有人搭理他了。于是，他就跑过来，拽了拽妈妈的衣襟：“妈妈你们在做什么呀？为什么不带我一起玩儿啊。”一点点地蹭到两个大人中间，妈妈告诉他：“我们在说一件非常非常重要的事，你不要打扰我们啊。”小朋友对这个非常感兴趣，纠缠着姥姥，姥姥说道：“那你要安静一些，就可以听了。”小孩子马上就开心地答应了姥姥。他突然变成了一个小大人一样开始和大人们聊天了。

从这个故事中可以看出来，不在意其实也是一种关注，它让教育变得有余地，当孩子在多次的说服、训斥和阻止没有用的时候，那就后退一步，给孩子的错误留有一定的空间。如果冷处理就能够收到一种意外的效果，一个一直被“爱”包裹、备受关注的孩子，一旦受不到关注，也就停止了自己的所作所为，这就是忽视带有的力量。当孩子在大吵大闹的时候，就是摸透大人套路的过程。我大哭大闹，你们除了训我，并不能把我怎么样，孩子有恃无恐。等于越是理他，他就越是兴奋，如果大人不再理他他也就安静下来了。

一连几个晚上，因为睡觉时不老实踢了被子着了凉，小石就感冒了。感冒后，难受的小石就安安静静地躺在被窝里。如果小石感冒严重了，他就不能上学了，可妈妈还得上班呢。妈妈就再次提醒小石：“今天晚上睡觉千万不能再踢被子了，不然你的感冒就会更加严重的，你自己也会特别难受。”

那个时候已经准备睡觉的小石听到妈妈的这句话，突然开始兴奋起来了。还故意把两条腿伸出来，然后就笑起来：“我就要伸出来，我就要伸出来。”当看到他的这种行为的时候，妈妈就意识到自己一番焦虑的话，对孩子起了相反的作用。想到这一点，她就没有再次重复这句话，把他的手脚重新放回被子里：“晚安，做个好梦！”儿子说了晚安之后，也就不再说话了。

对孩子的无理取闹不管是忽视，又或者是冷处理，对于年龄比较小的孩子来说，这其实都应该是一个比较好的办法。偏小的孩子并不能理解大人给他讲的道理，根本不知道大人想要做什么，他们所做的就是为了吸引大人的注意力，然后无拘无束地玩儿。当孩子在家里跑来跑去，家长怎么说他都不停下来时，家长不如选择忽视，不再看孩子，孩子反而就会安静下来了。做一个假设，父母采用强势的态度和小孩子面对面地去争论一件事情的对与不对，其实可能单纯地只是给自己挖了个坑，这个坑又大又圆自己还填不回来。

如果继续地去关注这一点，家长就不能达到目的。当禁止的指令发出来的时候，家长的内心其实是既不平静也不理智的。面对外人的时候，家长能合理地转化自己的情绪，而对待自己最亲近的人的时候，却不一定能够做得到了，他们企图通过控制外在的一个因素来获得对孩子的绝对控制。而且孩子在收到禁止的指令的时候，通常不会怎么听话，可是家长对这一招儿却乐此不疲，于是就陷入了一个“孩子不懂事的”怪圈，而不是积极地去寻找方法。当循环下去的时候，一个很小的问题可能会造成一个比较坏的结果，小问题也就演变成了让人头疼的大问题。

以不吼不叫的方式引导孩子

有的家长觉得孩子总是让自己操心；有的家长觉得孩子干什么事情都太慢、磨磨蹭蹭的，什么都做不好；还有家长觉得孩子有多动症，什么时候都坐不住，什么都要摸一摸、拆一拆，上课也不好好听讲。所以，家长总是吼叫，试图通过吼叫来催促和监督孩子。其实孩子变成什么样子，不是自己能够决定的，很多事情在于家长怎么去引导，家长日常的行为和思想能在很大程度上影响孩子。

而且随着家长受教育程度的不断提高，还有教育理念的不断更新与提升，体罚已经不是主流的惩罚机制了，家长也知道体罚并不是好的教育方法，可是有意识不代表着有方法，大多数家长还是在寻找一种合适的教育方法，在面对孩子的问题时，或者孩子不按照自己的想法去行动时，又或者表现得不尽如人意时。吼叫似乎自然而然就成了一种新的代替体罚的方式，可是不管是作为家长还是孩子，都是在摸索中前行的，如果家长反复吼叫的话，负面情绪就会充满整个家庭。

一位妈妈生完孩子之后就专心地在家带孩子，全部的关注点都放在了孩子的身上，孩子开始上幼儿园之后，妈妈白天大部分时间都见不到孩子，所以每当孩子回家的时候，妈妈就更关注孩子。孩子身上任何一点儿不足都被无限放大了。孩子如果哪一天没有听话就会被妈妈吼一顿，孩子如果犯了错同样会被妈妈吼一顿。后来妈妈就开始变本加厉了，有时候孩子没有做错任何事情，只是因为妈妈心情不好，也被妈妈给训斥了一顿。家长控制不了自己的情绪，就直接将这些情绪发泄到孩子的身上，孩子上了幼儿园之后，总是会学到新东西，妈妈认为她无法再去掌握孩子的生活了，感到无比的焦虑。

可是当她把糟糕的情绪直接传递给孩子时，她内心的恐慌却没有消失，也没有放松，而且发了脾气之后会更加难过。

事实上，这位家长吼叫的原因是孩子不断有新的改变和妈妈所处环境久久不变的矛盾，孩子在成长，他周围的事物在不断地改变，他的内心世界也都在不断地改变，家长想要把孩子按照自己的想法“控制”起来，当这个想法不能达成时，吼叫就成了家长试图抢回对孩子的“控制权”的工具，只是这种工具并没有什么作用。所以，要正视它，去努力地改变它。每个人都有认识自己的力量，如果能够正确地分析自己的想法，就可以准确地察觉到自己的情绪。能够找到自己情绪爆发的根源，能够理智地面对自己，减少对孩子吼叫，这是个缓慢又痛苦的过程。

4岁的婉婉刚上幼儿园，因为上幼儿园要起得很早，婉婉不想早起，所以抗拒幼儿园，就和妈妈吵吵闹闹地试图不去幼儿园，当之前遇到同样的情况时，婉婉的妈妈总是用吼叫来催促她，企图用这样的办法让孩子快一点儿。她的妈妈很焦虑，孩子为什么不听话。

可是很长时间婉婉都没有改掉这种习惯，她的妈妈去问了老师，老师说其实如果吼叫有用的话，她早都可以改掉这个习惯了。于是她的妈妈听从了老师的建议，在婉婉再一次因为早起而抗拒上学的时候，妈妈没有对着婉婉吼叫，只是温柔地叫婉婉起床，说道："你昨天不是还说喜欢小刘老师吗？小刘老师可是很早很早就去学校了哦，你想不想早点儿见到小刘老师？"婉婉说："那老师会不会不喜欢迟到的孩子啊？"婉婉的妈妈抓住了这个机会："很有可能哦，那迟到肯定不是好的事情啊，对不对？"婉婉想了想，点点头，乖乖地起床了。从此以后婉婉就把赖床的毛病改掉了。

当家长想要孩子做得更好的时候，首先要给孩子一些信心。家长是孩子最亲近的人，家长的情绪很容易就影响孩子，如果家长非常焦虑，那孩子也会跟着焦虑不安。吼叫的方法行不通的原因是，孩子根本不能够理解家长为什么要大喊大叫，而家长对孩子又是满心的期待，当这种思维的差异产生矛盾时，孩子就会进行抗争，然后就是冲突，最后是后悔，从而形成了一个恶性循环。当家长想要改变孩子的一些坏习惯的时候，家长就应该给孩子树立起榜样，当家长希望孩子能够严格有序地管理自己的学习时，那家长就要改掉吼叫的习惯。

一个周六的晚上，孩子在屋子里跑来跑去，跑得满头是汗，孩子打开了冰箱，想要拿饮料喝，一直在做晚饭的妈妈，阻止了孩子行为。孩子被阻止了之后注意力就放在了电视节目上，冰箱就那么一直开着。等妈妈做好饭出来看到这个情形后，非常想要发脾气，她脑海里想的是："冰箱门开了这么长时间，得浪费多少电！"但是她只是在脑子里想了一下就换了一种思路。"你刚刚开冰箱是想做什么？"妈妈就站在孩子的面前，"想要喝饮料是吗？"孩子点点头："对啊，对啊，我真的好想喝饮料。"妈妈见到孩子对于这个话题很感兴趣，就问道："为什么呢？是因为凉凉的、甜甜的，特别好喝是吗？"孩子又重重地点了点头。"可是冰箱门开着的话，冰箱里就不凉了哦，饮料就不好喝了。"孩子听得很认真。家长就趁热打铁地告诉他节约用电有什么好处，孩子也都接受了。

当家长一直关注孩子的不足之处时，就很难看见他的长处，所以只会用大喊大叫来催促他。有个家长看到女儿吃饭的时候特别慢，就直接对女儿大吼大叫，女儿还是没有什么改变。当她看到女儿穿衣服特别快时，就开始去夸孩子："你 4 岁就能把衣服穿得这么好，真是一个心灵手巧的孩子。"当家长一直去夸孩子时，女儿除了穿衣服速度比以前更快了，吃饭的速度也变快了，行为变得越来越积极了。所以，家长应该用不吼不叫的方式引导孩子去慢慢改变自己不好的行为习惯，将使孩子受益颇多。

找到疼爱与规训之间的平衡点

如果一个孩子没有父母的疼爱，那这个孩子的成长过程一定会很艰难；如果对孩子付出过多的爱，那孩子可能就不知道怎么样去爱别人了。想要让孩子拥有健康的心理和身体，能够快乐地成长，就必须找到疼爱和规训之间的平衡点，只有找到两者之间的“交叉地带”，才能够让孩子理解爱、学会爱，不过度地消费爱，用合理的方式对待自己、对待别人。

现在教育倡导家长要做孩子的“良师益友”，孩子受挫了之后寻求父母的关爱、鼓励、支持和理解，孩子做错事了之后，家长要正确地引导、规范和训斥，两种角色相伴而生。家长在孩子的人生中掌握着最真实、最全面的第一手资料，这也是孩子认识这个世界的第一手资料。合理的规定和训斥会让他们养成良好的习惯，帮助孩子建立强大的内心，抵抗外界的诱惑，成长为一个充满着爱、内心坚定的孩子。两种角色要泾渭分明，不能混淆，否则家长和孩子的关系就会混乱，孩子可能会在父母进行规劝的时候摆出一种无所谓的态度。

爸爸带着女儿微微去游泳，微微已经 10 岁了，当微微玩儿得正开心的时候，爸爸提醒她说道：“已经 4 点半了，我们要回家了。”微微无动于衷，孩子和家长都默契地知道其实这句话并不是希望孩子马上回去，只是作为提醒他们要回家的这个事实。等到过了 10 分钟，他又和微微说：“现在水已经凉了，时间也晚了，我们明天再来好不好？”微微开始耍赖，又要喝水又要吃东西地使唤爸爸。又过了10分钟，爸爸再次开口：“如果你再不走的话我就要走了。”这个威胁对于微微并没有起到什么作用，女儿又讨价还价：“再玩儿10分钟。”爸爸没有任何犹豫就答应了，可是过了10分钟微微还是不肯走，爸爸只好强势地带走还在乱吼乱叫的微微。

其实，当第一次提醒的时候，爸爸就应该坚定地去拒绝微微，不能纵容女儿，这样的纵容只会让微微没有时间观念，对于微微来说，家长也就没有了任何权威，家长的命令也起不到任何的作用了。在关爱中及时地引导孩子，在孩子能够独立的阶段，家长就应该早早地撤出，减少对于孩子的控制，让孩子能够自己把控时间。家长要把权威建立在孩子独立人格的养成上面，诸如传统文化中的等级制度、礼仪制度、长幼有序的观念，它能够帮助孩子建立规矩。而朋友又是代表了一种平等的关系，包含着平等沟通，两者似乎有些矛盾，但是并不是对立的，如果关爱代替了规训，这就是误区。

有一位家长带着5岁的孩子去公园玩儿，孩子的关注点都是道路两旁的事物，甚至能够发现家长没能发现的事物。刚进公园时，孩子就在草丛发现了一个小动物，是一只灰色的孔雀，因为这只孔雀躲在草丛里面，它的颜色又是灰色的，所以没有被他的家长注意到，反而被左顾右盼的孩子发现了。孩子的注意力又转移到了那个被水光反射到的亭子的内顶上，一晃一晃的，非常好看，家长所没有注意到的都是孩子发现的。当天那位家长非常开心地表扬了孩子一番，孩子也非常高兴，于是更加兴奋地关注着外面的事物。

当孩子5岁的时候，虽然家长在这个时候的知识储备量比孩子多出很多，但是孩子的观察力要比家长强很多，而且随着孩子的不断长大，家长的知识权威也在不断地下降。所以，对于家长来说，“朋友”和“老师”这两种身份的界限有些模糊。很多的家长开始去尝试着成为孩子的朋友。更多的家长尝试着去和孩子交朋友，可是当过度溺爱时，在家长和孩子交往的过程中让孩子占据了主导位置。孩子因为和家长的关系过于随意，而家长在孩子做错事的时候也没有正确地教育，这样的情况让家长在孩子面前毫无权威可言。

周日的商场里面，爸爸带着孩子在买东西，孩子大概五六岁的样子，逛来逛去看到了自己非常喜欢的玩具，拿给爸爸看的时候，爸爸看到玩具的标价是1000元，觉得有点儿贵。于是他就跟孩子说：“我们再看看别家玩具店，好吗？”孩子当时情绪大变：“我不！”开始伸出自己的手，乱挥乱打，一巴掌就拍到了爸爸的脸上，这个时候旁边的人已经开始指指点点了，爸爸害怕孩子更加无理取闹，于是就握住了孩子的两只手，孩子在被握住了双手的时候，就抬脚踢了爸爸的肚子，那一脚似乎踹得很重，爸爸的脸色不是很好，可爸爸还是伸出手抱着孩子回到了车上。

等孩子见到了妈妈，就跟妈妈狠狠地告了爸爸的状。妈妈开始谴责父亲：“怎么能这么对待孩子，孩子就想买个玩具都不给买。”妈妈一边谴责着父亲，一边拿出零食逗儿子开心。爸爸一直听着，直到妈妈说完，爸爸才把孩子抱过来：“孩子，爸爸不是不想给你买，而是我觉得其实那个玩具很贵，而且还有更好的玩具。赚钱是很辛苦的一件事情，所以能不能体谅爸爸？”“我不要别的，我就要那个，为什么不给我，你怎么这么‘坏’啊？”爸爸不说话了。“好好，妈妈马上带你去买！”孩子拿到了玩具后平静了下来，所有的争执一下子都不复存在了。

这是一件非常常见的事情，家长对孩子一味地纵容，孩子想要什么都尽量地满足他，一个玩具汽车可以满足他，一身昂贵的衣服可以满足他，如果下次孩子想要一架飞机，家长该怎么满足他呢？父母并不能陪伴着孩子一辈子，原则是一定要有的，溺爱是一定要规避的。太过严厉的原则或者太过溺爱，都不利于孩子成长。家长一定要掌握尺度，两种形式都不是爱真正的表现形式。当然，每个孩子都是这个世界上最独特的，在双方关系中可以尝试一下“此消彼长”的原则，不断地进行调整。

GOOD PARENTS DON'T YELL

第七章

青春期的孩子，不吼不叫不较劲儿

当孩子迈进青春期的门槛时，一切似乎都变得与以前迥然不同了。这时候家长和孩子的亲子关系就进入了一个新的阶段。家长需要努力地提高自己，保持自我成长，既要懂得放手，又要适当地引导孩子，这样才能让孩子离我们越来越近。

每个孩子都有倔脾气，巧妙应对固执孩子

每个孩子都有倔脾气，固执而抗拒家长的所有安排、父母管教的时候也不听，还有的孩子阳奉阴违，表面上会服从家长的安排，暗地里不屑一顾，当身边没有大人看管时，就开始由着自己的性子来。如果家长太强势的话，就容易有不理智的表现，如果家长过于溺爱的话，孩子就会在地上打滚儿、大哭大闹、东西扔得四处都是。如果这些行为经常发生，作为家长就要重视孩子们的不良行为。

孩子的固执是他们最肤浅的认知导致的，成长是一个漫长的过程，孩子在这样漫长的过程中一定会出现一些问题，而问题的出现是有原因的。首先可以了解孩子这么做的动机，尝试着去理解孩子那些想法，不和孩子面对面地争执，当孩子固执的时候，家长不可以也跟着固执，不同的事情有不同的解决办法。对于孩子的合理要求给予支持和鼓励，对孩子不合理的要求也要采用合理的方法去拒绝，避免采用强硬的手段。

3 岁的点点虽然小，但非常固执。每一件他想要做的事情，都一定要做到，家长怎么威逼利诱都没有用，也不能改变他的决定。每当家里有客人来，家里门铃响了的时候，点点都要自己去开门，当他来不及开门的时候，家长先他一步开了门的话，点点就会生气，生气地大吼大叫，撒泼打滚儿，哭闹不止，又一直阻止客人进门，还要求别人重新再进一次门，哭闹才会停止。有一次家里买了一个新的饮水机，他对饮水

机非常感兴趣，每当家里有人要喝水时，点点都要去倒水，可是家长有时候会喝热水，就害怕点点被烫着，可是如果不让点点去的话，点点又会不停地哭闹，这让家人很苦恼，不知道该怎么办才好。

有些孩子的固执是天生的，有些则是后天的。后天的原因就是大多数是由于家长的无限纵容。家长在孩子很小的时候，对于孩子的要求总是有求必应，不管正确与否。长时间孩子形成的习惯就是想要什么就一定要得到什么，想要的如果没有得到，就开始大吼大闹，家长一旦妥协的话，孩子就更认为这种方法行之有效，就开始变本加厉，孩子就会变得越来越固执。有的家长又抱着不能向孩子妥协的意识，对于孩子过于严格，孩子得不到他想要的，就会开始逆反，不论家长说什么都不会听，即使是自己错了，也固执地认为自己是对的。

小贺是一名上了初中的学生，上学以来一直沉迷于武侠小说。因为快要到期末考试了，他的妈妈就把他看的小说收了起来，等到小贺回家找不到他的小说时，就跟妈妈大吵了一顿："你怎么能随便动我东西？把我的书给我！""等你考完试，我就把书还给你，这两天你就好好复习吧！"小贺的妈妈好好地劝道。小贺没再说什么，狠狠地关上了卧室的门。第二天应该去上学了，小贺书包都没拿，跑出去很快抱了十多本小说回来，除了吃饭，就是看小说，完全无视爸爸妈妈的责骂，到了第四天，妈妈把她藏起来的小说还给了小贺。

小贺的妈妈最终妥协了，并且不止这一次，平时小贺只要喜欢哪件鞋子和衣服，就一定要买，也不管家里能不能够买得起。如果不满足他，他就会做出别的事情来逼迫爸妈答应他。妈妈做的饭不合他的心意，他就会连吃都不吃，不管怎么劝都没有用。

在孩子成长的过程中，如果家长一味地有求必应，什么都不让孩子做，过度宠爱孩子，孩子就会养成散漫、以自我为中心的性格，就会变得任性固执。并且非常自私，每件事情都只是考虑自己的想法，对于别人的想法毫不在意。自己的心情谁都不能忽视，受不了别人给的半点儿委屈。不顾他人得失，对自己的得失斤斤计较。这些就是因为家长的千依百顺，让孩子失去了明辨是非的能力，对善恶的判断存有缺陷，按照自己的喜恶对待他身边的人、事、物，固执地坚持着自己的看法，而且把自己的看法强加给别人。

豆豆是个 6 岁的小男生，他从小到大没有认过错，在他的自己的字典里也没有“错误”这个词语。有一天因为爸爸的鞋子无意放在了他的画片上，当他看到的时候就直接把鞋架推倒了。爸爸妈妈首先是讲事理，后来就开始试图恐吓他，但他还是没有感觉到自己错了。任你怎么说、怎么喊，就是无动于衷，有的时候爸爸妈妈生气了，动手打了他一下，他才会安安静静地看向父母，眼睛里除了无所谓外什么都没有了，就好像是在说“我就要这样做，你想要怎么样就怎么样吧！”即使爸爸打得再狠了一些，也没有效果，就是固执地不说话。

当孩子刚开始发脾气的时候，这是一件很正常的事情，家长就给孩子贴上了“任性、固执”这样的标签。和别人交流的时候总是和别人去说，孩子怎么怎么任性和固执，孩子听得多了就接受了这样的暗示，就真正地固执起来了。在成长的过程中，孩子的自我意识不断地在完善，主观想法越来越强烈，开始习惯性地说“我不要”“我不做”“我就要这么做”。在儿童心理上来说，这个时候孩子的心理开始变得执拗敏感，他只是不想事事都被家长控制着，不想时时依靠着家长。他自己有了独立的意愿，觉得自己的事情都可以自己决定了。

其实一个孩子事事都要求独立，不愿对家长妥协，这对孩子是有益的，当孩子长大时，就很容易成为一个独立而坚强的人。如果家长只知道压抑孩子的天性，他的反抗就会更加强烈。如果孩子的固执是合理的，家长就得答应他合理的要求。孩子合理的坚持，会养成他独立的性格。

拒绝盲目崇拜，引导孩子正确追星

青少年时期是孩子由对父母的依赖到自己走向独立的转变过程。在这个时期，孩子开始形成了自我的意识。这时候孩子就需要寻找一个榜样，这个榜样是为了他们想要学习和效仿的对象，而明星在公众视线中有着一种特殊的“光环”，因为这种虚无缥缈的“光环”，明星就被一群孩子奉为完美的化身，它满足了年轻孩子的自我理想化的需求，这些需求来自孩子内在的需求，是一种心灵的寄托。

对于偶像的崇拜是一种非常普通的社会心理现象，是孩子寻求情感寄托的一种方式，追星是一种正常现象，等到他们年纪大了，经历得多了，为人处世成熟了，自然就会从过分热情的崇拜中抽离出来。但是如果这种热情超出了一般的情感寄托，就会影响到他自己的生活和学习。这个时候如果家长不去合理引导这种过度的崇拜的话，孩子的盲目追星行为就会走向疯狂，从而影响孩子的世界观、人生观、价值观、行为方式和生活方式。

小深是家里的独生女，她的爸爸妈妈都是公务员，小深的家境非常好，从小衣食无忧地长大，接受了良好的教育。一路顺风顺水地上了初中，在所有人眼中都是“别人家的孩子”。初中的女孩子开始有了一份少女情怀，这份少女情怀让她崇拜上了一个明星，他叫钟汉良。她开始到处去找有关钟汉良的各种新闻，成了官方粉丝群的一员，那个群里都是钟汉良的粉丝。每天在群里聊天，占据了小深的大部分时间，她回家后也不看书写作业了，除了聊天，就是看钟汉良的各种视频、歌曲，一遍一遍地听。这样的行为，带来的直接后果就是小深的成绩不断地下降，课堂状态越来越差。

小深的爸爸妈妈觉得需要好好和小深谈一谈，两个人就和小深聊了很长的时间，爸爸妈妈苦口婆心地跟小深说即使追星也要适度，不能耽误了自己的学习。然而小深说一套做一套，根本就没有把爸爸妈妈的说法放在心上，现在反而变本加厉，又开始去买钟汉良的专辑、海报、照片，甚至无心上课，老师和家长说什么也没用，小深的成绩还是不断下降，和爸爸妈妈的关系也越来越差。

青少年对于明星的崇拜和追捧在近些年上演得尤其轰轰烈烈，也就衍生出了一类人，这就是“粉丝群体”，他们对“明星”非常着迷，为一个和自己什么关系都没有的人投入了大量的金钱和时间。对于自己喜欢的演员，过分地投入时间，耽误了自己的学习和生活。“偶像”都是一些长得漂亮的演员和歌手，他们的新闻让孩子趋之若鹜，让孩子茶不思饭不想，满足了他们精神上的需求。其实“追星”也是把双刃剑，不可否认的是，“粉丝”也有非常理智的，对于自己的偶像有自己独特的见解，他们的偶像身上有他们喜欢的某一点，但是他们不盲从，客观地对待明星的优点和缺点。他们把明星当作自己的偶像，跟着偶像做公益，努力学习，往好的方面发展自己。

13 岁的初二学生小丽，7 月的时候，她在网络上看了一部名为《春风十里不如你》的电视剧，小李觉得张一山饰演秋水就是她未来的理想型，她也想要一场轰轰烈烈的恋爱。她也想在现实生活中寻找所谓现实版的“秋水”。等到了暑假，小丽在网上认识了一个朋友，就是小吕，这个小吕和小丽在聊天的时候显得浪漫又霸气，两个人互相交换了照片，小丽感觉小吕长得非常像张一山，于是两个人开始网恋，直到小吕提出在“七夕节”见面。小丽就借故和父母发生争吵，整整四天都和小吕住在一起，都没有和父母联系，并且还和小吕发生了关系，直到父母报警，他们才找到小丽。

在一些未成年失身的事例中，大多都是因为女孩子经常看青春偶像剧，看到剧中的男主角帅气而又多金，还非常浪漫，喜欢出身平凡的女孩，从而产生了扭曲的爱情观。这种事情多数都是出自追星时的盲目崇拜和过分狂热，混淆了那些年轻偶像的自身形象和公众形象，把偶像剧中的人物投射到了现实生活中，让自己陷入了危险的困境中。孩子们正是喜欢做梦的年纪，总会有不切实际的幻想。家长可以和孩子一起了解孩子喜欢什么，能够在准确了解孩子的动向的同时，引导孩子学习“明星”身上值得别人学习的地方，让喜欢变成努力学习的动力。

小林今年 16 岁，她崇拜一个偶像歌手，并且这种崇拜已经到了非常狂热的境地，她收集了这位偶像歌手从出道以来的所有唱片，房间里是这位歌手的各种海报。小林是这位偶像的“资深粉丝”，可是她的家庭环境一般，这位偶像歌手要在她的家乡开演唱会，可是演唱会的门票价格不是她能够承受得起的，而且她的父母也不会支持她，于是她只好铤而走险，在课间和午休教室没人的时候，偷同学们的钱。可是同学们带的钱也不多，于是小林又跑到门口的超市进行偷窃，总计是3000元，超市人员报警，小林就这么被警察抓住了。这件事情令人唏嘘不已。

“追星”在很大程度上已经影响到了孩子的思想行为，这些孩子有着并不正常的价值观，就势必会造成一些不正常、缺乏理智的行为，甚至更为严重的犯罪行为。我们虽然不能全盘否定这种“追星族”，因为如果这些追星族因为偶像做的事情是好的事情，那么这些孩子也就会做出好的行为。但好多时候，盲目地追星会影响青少年三观的形成。在这个过程中，家长要对孩子进行正确且合理的引导，提出严格的要求。对他们正常的行为可以支持，当然错误的行为也要制止，绝不姑息纵容。偶像可以成为给大众带来正能量的人，也是能够让自己变得更优秀的人。

盲目地“追星”实际上已经严重地影响了青少年的价值观，青少年在扭曲的价值观的指引下，必然会做出不理智的行为，进而走向犯罪的深渊。对于每一个青少年来说，家庭都是他们的第一课堂，父母是他们的第一任老师，担当着教育子女的重要任务。父母对正在成长时期的青少年进行正确教育、严格要求是非常必要的，对他们的正常行为要支持，对他们的错误想法和行为要及时制止，绝不纵容，这样才能使青少年向正确的方向发展。

因为偶像，我们都变成了更好的人。追星是一场盛大的“暗恋”，我们崇拜的那个人，就像是灿烂的星辰，远远地发着光，我们努力奔向他的时候，自己也在变得更优秀，也能散发出一些小小的光芒了。

孩子的叛逆，自我意识大发展

当孩子不再像之前那样听话、懂事时，家长就会认为孩子进入了所谓的“叛逆期”。孩子开始对之前的生活和学习方式提出了不满，他会认为家长的想法是在控制他们，这种对于既有秩序的破坏是对家长权威的挑战。而家长口中的叛逆，正好是孩子们开始自我成长的一种标志，孩子开始思考，自己真正需要是什么。这是孩子在渴望自己能够独立地成长，不想再被家长约束和限制。

叛逆是孩子对之前家长所有的控制的反抗，而这些控制的基础都打着亲情的旗号。在孩子到了一定年纪就会贴出一张“禁止打扰”的纸条来换取内心的独立，这些行为的原因是处于亲情的压制下，孩子产生了逆反心理。而家长却没有意识到这个问题，他们认为自己无条件地爱着孩子，孩子应该会感激。但很多时候都是家长的一厢情愿，并不是所有孩子都能够欣然接受。因为在人际关系中，所有的付出都是有度的，我们要学会给彼此留下空间。

小莉的孩子今年4岁了，在3岁之前，孩子非常听话，是一个人见人爱的“小天使”。但现在却成了一个说什么都不听的“小恶魔”。如果他看到了自己喜欢的玩具，就必须让父母买下来。如果父母拒绝了，他就会大吼大叫。回到家中，他会把桌子上的所有东西全都扔到了地上。孩子还比较自我，没有什么分享精神，不喜欢和别人分享自己的玩具。当看到其他的小朋友靠近自己的玩具时，他就会很快地站在玩具的面前，护住自己的玩具，如临大敌。有一次，小莉把儿子的小猪佩奇玩具给邻居小朋友玩儿了一会儿，孩子看到了马上就抢了回来，还把那个小朋友推倒在地上，小莉对此非常疑惑不解。

当说到叛逆，家长觉得可能都是十三四岁的孩子才会那样，但现在小学生也都比较叛逆，家长不喜欢孩子这种脱离掌控的感觉，家长担心孩子会走弯路，担心孩子因为生活中的各种秩序不能很快地融入社会，不能和他人愉快地相处。家长也是从小孩长大的，也经历过所谓的叛逆期，也遭受过因叛逆而带来的伤害。不过想要让孩子完全避免这种伤害是不可能的，我们只能让孩子好好学习，好好参加培训班，接受更好的教育。而孩子想要出去玩儿、想要休息、想要看电视，当家长不同意的时候，孩子就会反抗，也就是家长口中的“叛逆”。

小雨是个特别乖的小女生，和妈妈的关系特别好，有什么话都会和妈妈说。可是当小雨进入叛逆期后，小雨和妈妈就开始疏远了。有的时候，当小雨交了新的朋友，她的妈妈便对她的新朋友评头论足，非常不喜欢她的朋友，到了后来，就直接干涉，阻止她交朋友。小雨妈妈说因为小雨不再跟妈妈沟通，她就开始翻看小雨的日记，看她有没有早恋、交没交一些不三不四的朋友。妈妈的行为被小雨发现之后并没有收敛，小雨一气之下只好离家出走。小雨的妈妈对小雨的行为非常不理解。

父母和孩子间的亲情和其他的感情不同的是，其他的感情都是为了在一起，而亲情是为了送孩子离开，希望孩子离开的时候变得独立，变得优秀，能够有一个完美的人生。父母对孩子越是呵护，孩子就越难以独立。家长总在担心孩子会走弯路，便给孩子铺了一条康庄大道，而一眼望到头的路孩子可能并不喜欢，人生的每一条路都需要自己走，道理没有经历过的话是不会有深刻的体会的。父母的强迫和权威并不能让孩子避免伤害。在尽量不让孩子受太大的伤害的情况下，让孩子独立地接受一件事情的自然结果。支持和理解是要比粗暴地控制能够治愈人，毕竟那是每一个大人都经历过的。

已经是高三的学生肖林，再过3个月就要高考了，但是最近肖林一到考试就想要去厕所，后来就越来越严重，再后来就是一上课就想要上厕所。对于这件事情，他自己也非常的焦虑，因此根本没有办法好好地学习了。他的父母带着他来到心理咨询室，肖林和医生说自己在之前是一个叛逆的少年，一直不听话、也不学习，让父母非常痛心。过了一段时间之后，他就感觉自己非常对不起父母，希望用好好学习来回报自己的父母，不再让父母操心。医生给他们分析了一下原因，肖林是越用心，就越学不好，学不好就会考不好，考不好就会害怕考试，就造成了内急。

随着年龄的不断增长，当肖林的自我意识成熟了后，他就会慢慢地体会到自己与他人之间的关系，之后才会慢慢地学会分享、互助、宽容等行为。不是因为孩子不够好，不够优秀，又或者不够努力，在陪伴孩子成长的过程中，作为家长，我们需要等待，需要慢行，陪着他度过这段时光。

九岁的小强还是一名小学生，他有着对他很严厉的父亲和对自己很温柔的母亲。他从小就是一个听话的乖孩子，由于父亲长期在外面工作，管教的时间短，所以一回来就会对他严格要求。而母亲虽然处处关心他，却要求他一定要听父亲的话，说如果不听话父亲回来就会对他进行责罚。小强在一次考试中失误，由于害怕被父亲责罚，他便偷偷地把分数给改了，没想到回来就被父亲发现了，父亲把小强责骂了一顿，并且把他送到了寄宿学校，小强自己不喜欢到寄宿学校读书，没多久，小强在学校里变得和以前完全不一样了，他不再是原来的乖孩子，而是变成了一个叛逆的少年。

在孩子叛逆的过程中，陪伴是最重要的。如果家长真爱自己的孩子，就要给孩子更多的理解，不是父母的所有善意孩子都能接受。当孩子开始用自己的角度看待这个世界、解决问题时，家长要学会放宽心。当孩子能够独立地生活，父母的陪伴就是孩子前行的勇气。

青春期的心理需求，正确把控是关键

人生活的主题是合理的物质需求，青春期的孩子的需求却不止物质需求，孩子不满足于只追求个性，更多的时候是希望能够从众，因为和大家一样就会让自己有一种安全感，和同学交朋友，也会适当地进行比较，这种比较具有积极意义，可以让孩子不断地进步，让孩子在不断地进步中积累经验，就能够更好地认识自己。当孩子不断地积累经验，不断地成长，孩子的思想和情感也在不断地发生变化。

进入青春期的孩子对于异性的感觉已经有了变化，孩子会开始关注异性，哪个女孩子长得漂亮，那个男孩子长得帅气，偶尔也会凑在一起开开玩笑，但还是在试探阶段，尝试去走出家庭这个舒适圈，和外界接触多了，孩子开始变得开朗，喜欢去尝试更多的新鲜事物。当他们独立的时间越长，自己能处理的问题也就越来越多，也越来越复杂。

学习成绩不错的小羽，今年上初二了。她的爸爸妈妈离婚了，她和妈妈在一起生活，妈妈一直在上班，投入在她身上的精力并不多。最近小羽的妈妈发现了小羽的成绩有些下降，而且小羽并没有太在意，看上去精神还不错，她总是在晚上打电话，一打就是几个小时，妈妈非常奇怪，于是就开始仔细地关注小羽的一举一动，会跟踪她，会去翻她的手机短信，甚至去偷翻她的日记本，最终发现她一直跟一个叫大刚的同班同学来往非常密切。

小羽的妈妈非常生气，严厉地训斥了小羽，收回了她给小羽的手机，想要阻止他们来往。妈妈联系了学校，要老师帮忙，让小羽转班，可是并没有什么作用，妈妈甚至限制小羽的人身自由，接送她上下学，妈妈的做法让小雨有了逆反的心理，开始光明正大地和妈妈作对，和妈妈三番五次的顶嘴、离家出走、逃学、夜不归宿，发展到后来甚至想直接退学。

家长们对孩子的青春期总是不胜惶恐，总会担心孩子犯错，比如早恋等。家长不能一直守在孩子的身边，这种事情总是防不胜防的，于是开始阻止孩子的正常交友；因害怕孩子不辨是非误交朋友，强制性给孩子定下交友规则，孩子就越发地拒绝和家长沟通，孩子即使是遇见了什么事情也不会和家长多说半句。这时候家长可以换一种方式，倾听孩子的困惑，理解孩子的不安，给孩子一个发泄的机会，减轻孩子的心理负担，适时地给孩子提出建议等。不要过早地给孩子与异性之间的交往下早恋的定义，不给孩子造成压力。家长需要做的是让孩子守住底线和原则，其他的不做过多干涉，除了在孩子让家长提建议的时候。

乐乐在上幼儿园的时候就特别喜欢画画，每天都拿着她自己的小本子涂涂改改，她的妈妈爸爸也非常支持孩子的这种爱好，还给孩子报了个美术班。通过不断的努力，乐乐的画已经画得非常好了，她一直坚持着这个爱好，学画画一直学到了初二，这是一个很漫长的过程，在这个过程中，乐乐在市里举行的大大小小的比赛中都获得过奖励，拿到过奖状。到了初二的时候，她说什么也不肯再拿起画笔了，别人怎么劝都没用。她的妈妈爸爸非常困惑，女儿好好的为什么不愿意再学画画了呢？她妈妈爸爸带她去做了心理咨询，她告诉心理咨询师她个人是非常喜欢画画的，可是她的妈妈爸爸对她要求很严格，不管哪里有比赛她都必须要参加，还让她必须要获奖。一开始乐乐还可以接受，直到后来只要是没有获奖就会遭到母亲的训斥，久而久之她就抗拒画画这件事情了。

家长总是想着要孩子成为什么样子的人，又或者家长总是在担心孩子以后会成为一个什么样的人，家长的担心其实是合乎情理的，但是孩子一旦进入某一时期就不希望家长去参与自己的人生，他们不想被家长操控。而家长总是会担心孩子，担心他们如果不好好学习将来找不到好工作，找不到一个好工作就没有一个好的未来。一旦家长想到这些就会开始担心，根据自己的想法或者是预判采取行动，来限制孩子的所作所为，制定出一系列对于孩子来说并不合理的规则，并且要求他们严格执行，导致孩子对事物失去兴趣，对某件事情丧失信心。

小张是一名初三的学生，成绩一般，在班上属于中等偏上水平。在面临中考的时候，小张的成绩严重下滑，并开始有了叛逆的情绪，一上课就睡觉，老师叫他也没有反应。老师批评他，他总是拒不认错，甚至会直接走出课堂，自尊心极强。老师和他交流的时候，他对老师有着强烈的抵触情绪，发展到后来他就穿着各种奇装异服，在学校里晃来晃去，作业从刚开始的不好好写到后来的直接不交，并且从不承认自己的错误，如果他认为老师说的话让他不高兴了还会直接顶撞老师。后来老师了解到，小张的爸爸长期在外地，他长时间和妈妈在一起生活，妈妈对他的要求非常严厉，对于他的事情从来不问缘由，不问结果，只凭她自己的主观感觉。小时候他不敢反抗，现在长大了，他妈妈说一句话，他就会大发脾气，谁的话都听不进去。

这些规则其实并不能够让孩子感同身受，给他们带来的只是一种被控制、被操纵的感觉，这些要求大多数是为了满足家长自身的"安全感"，家长会觉得我立了这么多的条条框框，孩子应该就不会怎么样了，应该就会按照家长本身所预想的方向去发展了。其实这种过度的控制并不是什么好事。

孩子的小秘密，给孩子自由空间

当一个孩子开始有了秘密，也就开始了自我成长。当发现孩子有了这些变化，家长该为孩子感到高兴，因为孩子他有了自己的世界，有了自己独立于这个世界的生存空间。当秘密一直是秘密，这才是最令拥有秘密的人高兴的，这就意味着他们有着自己的独立空间。孩子有了自我意识，就会去抗拒家长为他们所做的计划、安排，但是家长又拥有他们这个年纪不具备的权威和能力，于是能够守住这种内心的秘密，对于孩子来说就成了对于家长权威的抗衡，成了能够体现自己存在感和价值感的抗衡。

不管家长愿意还是不愿意，孩子终有一天会以不可逆转、不可预期的方式走向独立，这是一个必然的结果。拥有自己的秘密，守护自己的秘密，对于孩子来说是一种责任。一个孩子里外如一，对于这个世界没有任何隐瞒，可能就是因为没有受过任何的伤害，也没有自己独立地做成过任何事情，这样的孩子始终会依赖父母而无法独立。所以家长应该理解孩子有自己的小秘密的这种想法，因为秘密不是家长和孩子之间有了什么缝隙，也不是一件危险的事情。危险是家长们过度想象出来的。而拥有小秘密的孩子，心里有自由的思考空间，这对孩子来说是一件有益的事。

莎莎周五从学校返校回家，她的妈妈照例想要看一看她的手机，可又不好意思直接说，莎莎发信息说语音，她的妈妈一直盯着手机。莎莎也看出来了：“你是不是想翻我手机啊？都说了什么都没有，我就是和同学随便聊天，不信就算了。”说着把手机扔在了床上，开门出去了。

当女儿把手机扔过来的时候，妈妈没有动，看起来一点儿都不在乎的样子。但是在女儿出去以后，妈妈关上了门，马上把手机拿了过来，每一个应用都细细地检查，生怕遗漏什么蛛丝马迹，其中的重点就是QQ和微信，里面的聊天记录、说说、日志、留言，连朋友圈的图片和评论都没有放过。翻了半天一无所获。当她的妈妈刚想放下手机的时候，莎莎推门进来了：“看完了没有，我都和你说了什么都没有，你还不信。你把手机给我，我给老师回个电话，知道的是检查呢，不知道还以为防贼呢！”说完看也不看妈妈一眼就离开了。

作为家长可以给自己这样一个暗示，孩子的秘密，如果今天他不告诉你，可能明天会告诉你。如果小时候不告诉你，可能长大后就会告诉你，如果你一直想要强迫他告诉你，那可能你就听不到这个秘密了。孩子还小的时候不太懂得秘密的含义，所以什么事情都会对家长坦白，这个时候家长可以全盘接受，当孩子对于某些事情有了自己的看法，那样孩子可能有了自己的秘密，秘密和责任紧紧相连。有了自己的秘密，也就承担了自己的责任。

冬冬是个男孩子，在两岁的时候就喜欢在墙上画画，什么都画，不管画得好还是不好，冬冬非常想长大之后做一个画家。虽然和同学相比，他的画不如人家，但他还是坚持着在墙上继续他的创作，原来洁白的墙壁被他画成了调色盘，突然有一天，他觉得自己画得不好，于是他再也不说要当画家的事情了，也很少在墙上画画了，他把他想画的画画在了日记本上。直到他上了小学，某天放学回家，何阿姨来他们家做客，笑着说家里装修得挺好看的，就是那面墙被画给毁了。他的妈妈说，就是我们家孩子画的，他还在日记里面写想当画家呢。冬冬听见了说：“妈妈，你为什么翻看我的日记？你这是侵犯我的隐私权！”冬冬的妈妈也有一丝的不好意思，但是拒不认错：“小孩子哪有隐私权啊。”说完把冬冬赶回了卧室。

当孩子有了秘密。你可以帮忙去守住它，可以给他买一把带小锁的日记本，把钥匙交给孩子，让他把想说的又没有办法对人说的都写在日记本上。不要试图去偷看，也不要试探，孩子想说的时候自然会说的。你还可以告诉孩子解决不了的事情可以求助父母，在力所能及的范围内也可以尝试自己去解决。这样孩子就会建立对父母的信任。当你偷偷地去拆看他的信件就是在剥夺孩子对你的信任，消耗孩子的安全感，打破之前建立的平衡。

幼儿园放学后，森森偷偷地告诉前来接他的妈妈："我今天对甜甜说'我喜欢你'，甜甜亲了我一下！"看着哑然失笑的妈妈，森森又连忙补充，"我只对你一个人说了哦，你可千万别告诉爸爸！"妈妈当时满口答应，不过，晚上妈妈还是把这件事当成笑话讲给了爸爸。爸爸又把这个"笑话"通过QQ发给了好几个朋友、同事。渐渐地，认识森森的人都知道了这个"秘密"。喜欢开玩笑的叔叔见了森森就捏着他的脸逗他："甜甜是怎么亲你的呀？"森森很不高兴，发誓说道："再也不跟妈妈说幼儿园里的事了！"妈妈很纳闷：这孩子的"气性"怎么这么大啊？

孩子是独立的个体，不是父母的附属物品，他拥有自己的空间。道理是人人都会讲的，可是实际操作起来就没有这么容易了。家长可以和孩子一起来制定规则，了解孩子的思想，给孩子不同的选项，让孩子在这个过程中获得自信。家长去理解孩子，孩子也就学会了去理解他人。

给孩子申辩的机会，父母要能侧耳倾听

当孩子犯了家长所不能接受的错误，受到家长的批评时，孩子不说话，家长会说"我说了这么半天，你怎么什么都不说，你就是没有好好听！"当孩子试图辩解一下的时候，家长又会说"你不要狡辩

了。”“你还嘴硬！”“你怎么又开始撒谎。”

这些话不论是在学校还是在家里都很容易听到，是件司空见惯的事，不会让别人觉得有什么奇怪的。可是孩子在受到家长的责难时，他们真正的想法是什么呢？他为什么没有去为自己辩解呢？当孩子在不能辩解的情况下本能地会觉得委屈，这种委屈有可能下一秒就忘了，也有可能会继续伤心怨恨，甚至会把这种委屈发泄到别人身上，以此来摆脱这种情绪造成的影响。

小小放学的时候从自己的柜子里拿衣服，柜子里面掉下来一个精致漂亮的玩偶，她的妈妈捡了起来：“小小，说，这是从哪里来的？”小小摇头和妈妈说不知道。她的妈妈瞬间就变了脸：“这不是你的柜子吗？你怎么不知道是哪里来的，说实话，是不是偷了别人的东西？”小小也急了，把书包扔在了地上：“妈妈，我没有！”说得非常大声。妈妈重复地问了几遍，小小依旧坚持着自己的答案，说没有。就在妈妈忍不住想动手的时候，一位幼儿园老师跑了过来，她拿着那个玩偶看了看：“小小妈妈，你错怪小小了，这个玩偶是倩倩的，她上课拿出来玩儿，我就让倩倩放回去，她可能放错了柜子。”小小妈妈这个时候特别的尴尬：“她小时候偷偷拿过别人家东西，我还以为是毛病又犯了，太让人丢脸了。”小小的妈妈显然没有打算跟孩子道歉，直接牵过孩子的手回家了。可是小小还是继续在哭。

家长要时刻谨记，没有调查就没有发言权。没有经过调查就按照眼前的事物进行联想，这是经常冤枉孩子的家长的通病，他们总是想当然，然后就下了结论，使孩子经常被误解、被冤枉。如果家长在事情发生的第一时间不是去责怪孩子而是去了解究竟发生了什么，那误解孩子的可能性就小了很多，给孩子解释的机会，也给孩子能够去证明自己的机会，这就是去尊重了孩子发言的权利，也是真正地去了解事实的表现，这样才能避免无端地误解孩子，使孩子心灵免受创伤。当知道自己做错了的时候就应该及时认错，敢作敢当，给孩子树立一个好的榜样，维护孩子的自尊心和自信心。

赵先生的儿子很懂事，当姥姥和他们一起生活后，他就开始不去外面踢球了，而是去陪姥姥散步。他还会把自己的零花钱省下来给姥姥买鲜花，姥姥因为他的花非常高兴，和孩子说："这还是我第一次收到别人送的花呢。"

有一天赵先生回家的时候，发现家里特别的乱，一看，原来是几只活蹦乱跳的小鸭子正在房间里乱窜。看到家里乱七八糟的样子，加上上班的劳累，赵先生顿时心烦意乱，张口就训斥孩子："马上就要期末考试了，玩儿这些干吗？看你把家弄成什么样子了！"孩子张口正要向他解释，他却不由分说地呵斥道："住口！给我把这些东西都扔出去！我不想听你说什么，你也不用解释！"说完就要去抓那几只小鸭子。

这时，孩子的眼泪哗哗地流了出来，委屈地看了爸爸几眼，然后转身回到自己的房间，重重地关上了门。赵先生一看更气了，刚想追过去再教训儿子，这时孩子的姥姥拦住了他："你就别骂孩子了，这是孩子给我买的，他说怕我在家寂寞，就买了几只小鸭子来陪我。孩子是出于一片好心，你要真觉得不喜欢，可以好好和孩子说，把这些小东西送给别人就得了，为什么骂孩子啊？"

如果家长总是剥夺孩子辩解的机会，孩子渐渐地就会放弃为自己辩解的权利，而他们背负的委屈也会越来越多。总是这样一个人默默承受，背负着沉重的思想负担，就有可能造成严重的心理问题。

因此，当孩子犯错时，家长一定要冷静地对待孩子的过错，因为一件看似非常简单的事情，它的背后却往往没那么简单。也许孩子做的错事的初衷是好的，也许孩子做的错事的确情有可原。所以，应当尽可能给孩子申辩的机会，以便了解事情的真相，只有这样，孩子才能心悦诚服地接受家长的教育。

豆豆是个爱和小伙伴分享的乖宝贝，每次妈妈给的零食和新玩具，她总是背进书包和小伙伴们分享。有一天豆豆妈给了豆豆一块卡通小饼干，因为小饼干实在可爱，豆豆不舍得吃掉，于是藏进了自己的小书包带到了幼儿园。小花看到豆豆的卡通小饼干也很喜欢，提出用自己的小蛋糕交换，豆豆虽然有点儿舍不得，但是小花的小蛋糕也非常可爱，于是就同意了。

但是小花吃掉了豆豆的卡通小饼干后却反悔了，想要回自己的小蛋糕，两人发生了争吵。小花跟幼儿园老师告状说是豆豆抢自己的小蛋糕，老师批评了豆豆。妈妈接孩子时听到老师说豆豆抢小朋友的蛋糕，严厉地批评了豆豆一顿。豆豆感觉到心里非常委屈，从此以后豆豆再也不带自己的小玩具和小零食到幼儿园了，也不再和小朋友们进行分享了……

所谓“真理面前，人人平等”，家长没有理由堵住孩子的嘴巴，不给孩子辩解的机会。既然孩子要辩解，就说明孩子对家长的话有不认同的地方，那么让孩子把想说的说出来，家长才能了解事实的真相。否则，轻易给孩子下结论，只会误解孩子，使孩子受委屈。

多样的心理问题，把负面情绪拉入黑名单

情绪有正面和负面之分，当我们把消极的情绪传递给我们身边的人时，我们就会心情舒畅。事实上，表达本身就能让情绪得到一定程度的缓解，因为情感的表达需要启动大脑皮层，就是理性所在的区域。这就是为什么当我们把情绪说出来之后，会有种轻松的感觉，内心也会舒服很多。有时候，青春期孩子的情绪和看法都带着一定的负面性，如果不让他们的负面情绪得到释放，负面情绪在不断地重复之后就会被强化，孩子就会萎靡不振。

负面情绪是由一件一件的小事引起的，但如果某种情绪反复出现或者持续时间很长，就会让我们感到了非常焦虑。如果青春期的孩子在这个时候有这样的情况，那就是孩子的某种心理需求没有得到满足，需要通过孩子的情绪，思考和理解深处的信号。其实家长有的时候总是不能够理解孩子的想法，很多时候孩子的内在需求都是以情绪的形式出现的。作为家长得思考孩子情绪产生的原因，想想他们的需求到底是什么。

十几岁的大卫经常为很多事情发愁，总是在对自己犯的错误耿耿于怀；他会因为准备不充分而失眠，害怕考试不及格；总是会反反复复地回想和别人交流时所说过的话；他总是在回忆着过去，总抱怨着自己。老师知道他的这种情况后，就给同学们上了这样一节课：老师把一瓶牛奶放在桌子上，准备上课。同学们听老师的话都坐了下

来，不知道老师想要做什么，不知道这瓶牛奶和这堂课有什么关系。

等到同学们的注意力不在那瓶牛奶上，老师忽然站起身来把那个瓶子打翻了，同时和同学们说："不要为打翻的牛奶哭泣。"他让同学们一起来看这个被打翻的牛奶："这一瓶牛奶已经没有了，如果当初采取一些措施它也许就不会掉下去，可是一旦它掉下去也就没有什么解决的办法了。现在我们能做的就是收好这些有可能会伤人的碎玻璃，把桌子擦干净，去做别的事情。"

青春期孩子的需求是隐藏在情绪之后的，有许多负面的情绪，自己并不能消化但是又不愿意讲给别人听，只好自己徘徊在进和退之间。如果家长能够明白孩子在生活中的基本需要，能够对需求和情绪之间的关系抱有一定的认知，那么家长去理解青春期的孩子的过程就会简单得多。当然情绪和心理活动是多变的、敏感的，如果孩子的负面情绪长期得不到释放就会对身体造成一定的影响，还会对孩子的人格方面造成一定的创伤。

小香上小学六年级，有一次作文课的时候，老师让大家说一说自己爸爸的优点，大家都说得很开心，说爸爸是一个什么什么样子的人。小香自己缩在角落里，不和同学们沟通，也不和同学们讨论，老师想让小香也参与其中，于是问小香："小香的爸爸是一个什么样的人呢？""我爸爸是个'坏人'，没有优点，也没有长处。"老师认为这样不对，但小香还是坚持自己的答案。等到下课后老师才知道，小香的爸爸几年前就带着家里所有的积蓄跑了，家里只剩妈妈和小香了。从那以后小香的话就越来越少了，老师的关心或者安慰并没有让小香获得安全感，不足以抗衡小香心中的比较消极的一面，这让小香非常自责也非常愧疚，她的情绪更加糟糕了。

孩子自我意识刚刚发展起来，有了自己的虚构世界的雏形，还不能够好好地适应社会带给自己的一些规则和挑战。这种消极的意识产生之后，怎么都没有办法释怀，负面的情绪也就会不断地渗透生活中的每一个方面。一旦某件事引起孩子的负面情绪，就会一发不可收拾，孩子就会把自己圈禁在一个狭小的范围而无法对当下的事情做出正确的判断。当孩子一直纠结自己无法做到的事情时，就会增加思想负担，整个人沉浸在负面情绪里。这个时候，家长就应该引导孩子果断地抛弃这种情绪，有了事情就去解决它，没做好事情出现了不可知的后果也去解决它，一味地沉浸在过去是没有用的，要让孩子学会摆脱负面情绪带来的困扰。

有位家长带着孩子去海边玩儿，孩子和家长分开玩儿了起来，家长被另外的一个男孩子泼了一身水，这位家长下意识地叫了一声，于是那个小男孩绕到了这位家长的前面，和这位家长道了歉。而不远处这位家长的孩子也在玩儿水，同样将水泼在了游人的身上，这位家长马上大喊大叫地开始训斥这个孩子："你干什么，没看到你的前面有人吗，这孩子怎么这么不懂事呢？"孩子被吓坏了，愣在那里，不知该做些什么好了。可能是他也觉得自己做得不对，可是无缘无故被人吼了又觉得委屈，"对抗"这种负面情绪就要爆发出来了。于是这位家长就又故意地喊了一声，"我的脚被埋在沙子里面了，怎么办？"这个时候孩子的情绪又好了一点儿，等那个游人走了，孩子就笑着跑过来了。

想要去对抗负面情绪，就必须让自己对生活充满兴趣。每天去寻找一件能让你感到快乐的小事记录下来，积少成多，每一天才不会过得毫无意义，负面情绪也会随着积极的心态消失。在负面情绪出现的时候就可以找美好的事情来填满它。快乐是每一个人都希望拥有的，但是人在成长过程中不可能一帆风顺，总是会有未知的危险或者困难。利用正面的情绪忘记负面的情绪，势必会让孩子增强对快乐的体验，又或者能够更好地学习或者是生活。

情绪化的青春期，和你的孩子谈谈心

家长在面对青春期的孩子的时候，总会担心自己无法帮助他们平稳地度过这个时期。青春期是孩子所有思想转型的关键时期，他们习惯了享受儿童时期所有的特权，又会渴望家长所拥有的权威。这种矛盾的心理，让孩子的行为在家长眼里看起来有些莫名其妙，甚至是无理取闹。而这种莫名其妙的行为对孩子来说却是很珍贵的记忆。

在孩子青春期的时候，孩子和家长的关系就像在照镜子，家长的性格如果是个真像，那么孩子就是镜子中的影像，镜子本来就是用来反映影像原本的样子，谁希望在照镜子的时候出现的是一个并不怎么好的自己呢？

那个自己可能是个胖胖的、不自律的、自卑，甚至糟糕至极，但你一定要改变自己，否则你将一事无成。家长会将青春期的孩子的这种缺点无限放大，企图通过这种做法让孩子改掉缺点、取得进步，但是孩子对你这种做法会抵触，可能就会拒绝和家长交流。如果家长和孩子心平气和地谈心，能够完完全全客观并且实际地提出建议，和孩子的关系就会变得亲近起来。

小关晚自习回到家，进门也不说一声自己回来了，就直接喊着：“妈，去做饭！今天晚上没去食堂，快要饿死了！要吃面条，加鸡蛋、瘦肉、青菜，快点啊。”“你没吃晚饭当然会饿了，不过家里没有你说的那些东西，吃点速冻饺子吧！”她的妈妈回答说。“那就馒头，火腿，我不想吃速冻饺子。”妈妈把速冻饺子从冰箱里拿出来：“小关，你已经在食堂交了伙食费，不在食堂吃，反而回来吃。妈妈工作了一天，而且这么晚了，没有别的饭了，就只有水饺，不吃的话就只能吃水果和饼干了。”

小关看到妈妈有些疲惫的脸，本来有些不情愿，但也说不出口了，而且还有一些愧疚：“妈妈我自己煮水饺就好了，您去歇着吧！”还说了别的话来让妈妈开心。如果小关的妈妈直接回一句：“你都这么大了，怎么就不知道体谅别人呢？妈妈下班这么晚，你还让我去做饭，你怎么这么不懂事呢！”正处于青春期的孩子，他们的脾气阴晴不定，如果再加上家长有认为孩子不懂事就想要说教的惯性，那双方今天就要不欢而散了。

如果家长把孩子当成一个已经独立的人去谈心、去交流的时候，那么就可以用一些成年人的标准去衡量孩子了。但是如果你一边把他当作一个还没独立的人对待，一边又拿成年的人标准去衡量孩子的时候，就是对孩子的不公平了。

站在孩子角度，理解孩子的想法，就能够自然地跟孩子交流了，能够给孩子一个合理的原因或者多个选择，他也就能够自然而然地理解家长了，通过这样的手段达到一个共情的效果，让孩子的自我意识得到满足和发展。慢慢地，他就会开始理解家长的一些举动，当你用合理的态度面对他的事情，他也就会合理地看待你所做的一切。

高中二年级的小杰是个看起来有些阴郁、内向的人。因为刚转学到这个学校，他对班级里的同学并不感兴趣，这是他的老师得出的结论。于是，老师把小杰带到了学校心理咨询室，心理咨询老师等到班主任老师走了以后，坐在小杰面前："你好像很不开心，能不能和我说说，你不用告诉我你的名字，就当我是一个垃圾桶，而且我也不会去找你，我会保守秘密的。"小杰看着老师，不说话似乎在想着什么，过了很久才开口："老师，我以前是个很开朗的人，虽然家里那个时候没什么钱，也不能去旅游，但是我得到了全世界最好的爱，我很开心。

"后来他们说想要给我一个好的环境，两个人都开始早出晚归，后来有钱了，就开始吵架，为那些有的没的吵架，真的很无聊。他们除了成绩不会问我任何事，我的成绩下降了他们就开始怪对方、怪老师、怪学校，我很失望，对他们、对那个家。我除了听话不知道该做些什么，他们看到我不爱说话，就开始当我是个怪物。他们不知道，是他们把我变成了一个连话都不会说的怪物。"

充足的物质条件是弥补不了精神陪伴的缺失的，相反精神世界的满足可以填充物质条件的缺失。保障家长孩子的交流时间，能够相对平等地进行交流谈心，话题不用死板地一问一答。家长在陪伴孩子的时候稍微用一点儿心，孩子就不会因为家长的无暇顾及而停止了内心世界的生长，叛逆得像个小孩子般无理取闹。每天抽出半个小时的时间认真地和孩子沟通交流，专注地倾听孩子的烦恼，就可以让孩子感到自己受到了重视。

家长和青春期的孩子要交流，而不是家长单方面地说教，孩子如果上的是寄宿制的学校，聊天的时候，可以每天聊上半个小时，不管他在学校表现得怎么样，好还是不好。可以聊些孩子很感兴趣的话题，去聊一聊他喜欢的演员或者球星，聊一聊他最近有没有开心的事情或者他认识了几个朋友，甚至可以问问他觉得哪个班的男孩子女孩子长得帅气、漂亮，总之是孩子感兴趣的，可以在其中见缝插针地说一说自己的想法。

让孩子自由地发表自己的想法，而不是在他说出想法之后批评或者嘲笑，那样会增加孩子对家长的逆反心理，批评和指责只会让孩子离家长的想法越来越远，同时还会妨碍孩子独立思考。孩子在表述自己观点的时候，如果被家长轻视，或者命令他去做某种他自己有想法的事，就会让他感受到威胁，于是开始封闭自己，拒绝和这个世界交流，越发地对抗自己的家长。鼓励对于青春期的孩子来说重要性不言而喻，谁都想被重视、被好好对待，这就是孩子情绪化的青春期，家长们需要拥有的同理心。

当我们能比较准确地表述孩子的感受时，他会有种被理解的感觉。这样向孩子传达的就是父母最关心你的感受，而不是成绩，这会有效降低孩子逆反心理的程度。所以，当孩子很失落地说成绩不好时，家长的第一反应或许应该是表述孩子此时的心情，比如，“这次没考好，心情不好吧”或者是“有点失落吧”。这一点是父母们最需要认真学习的。